中国合作经济发展研究报告（2024 年）

主　编　　李　想　于志慧　陈宏伟
参　编　　胡　联　刘　敏

中国商业出版社

图书在版编目(CIP)数据

中国合作经济发展研究报告. 2024 年 / 李想,于志慧,陈宏伟主编. —— 北京:中国商业出版社,2024. 10 . —— ISBN 978—7—5208—3161—1

Ⅰ. F121.24

中国国家版本馆 CIP 数据核字第 2024H4T561 号

责任编辑:李 飞

(策划编辑:蔡 凯)

中国商业出版社出版发行

(www.zgsycb.com 100053 北京广安门内报国寺 1 号)

总编室:010—63180647 编辑室:010—83114579

发行部:010—83120835/8286

新华书店经销

北京九州迅驰传媒文化有限公司印刷

*

787 毫米×1092 毫米 16 开 8.5 印张 180 千字

2024 年 10 月第 1 版 2024 年 10 月第 1 次印刷

定价:76.00 元

* * * *

(如有印装质量问题可更换)

中国合作经济发展研究报告(2024年)

编委会

前　言

《中国合作经济发展研究报告（2024 年）》由五个部分组成，分别是农民专业合作社发展研究报告、中国供销合作社发展研究报告、2024 年中国农村信用社发展研究报告、其他类型合作经济组织发展研究报告、家庭农场发展研究报告。

通过对我国合作经济发展情况的分析，本报告指出 2024 年我国合作经济发展体现出以下几个方面的特点：第一，合作经济的发展呈现出形式多元化、内容丰富化、层次深入化、治理规范化等特点，使得合作经济能够更好地适应市场经济的发展需求，是合作经济实现可持续发展的重要保障。第二，不同类型合作经济组织共同发展，但发展不平衡。农民专业合作社数量稳步提升，截至 2022 年年底，农民专业合作社总数达 208.57 万家，较上年增长 2.7%；供销合作社综合经营状况持续改善，在商品流通、农产品销售和再生资源回收等方面取得显著成效；农村信用合作社产权改革进展迅速、不良贷款率显著降低、资本充足率明显提高；家庭农场发展势头强劲，数量上实现稳步增长，质量上得到显著提高，经营水平达到新的高度。第三，合作经济组织经营服务链条不断延伸。从事乡村新产业新业态的合作经济组织发展势头强劲，业务从生产逐步延伸至加工、仓储、销售等多个环节，成为实现小农户与现代农业有机衔接、促进乡村全面振兴的重要载体。第四，我国合作经济发展仍处于初级阶段，农民专业合作社市场竞争力、社会化服务水平有待提高等；基层供销合作社综合服务能力弱、信息化建设滞后等；农村信用合作社产权治理、风险控制、支农发展等方面有待加强；家庭农场经营效益不高、抗风险能力弱等。

针对我国合作经济发展中存在的问题，本报告提出以下建议：一是拓展农民合作社产业链，推动农业产业高质量发展。加快数字化转型，有效拓展产业链，实现产加销相互贯通，为农村经济高质量发展注入强大动力。二是提升基层供销合作社综合服务能力。实施多元化经营策略，扩展合作经济组织的业务范围。强化基层供销社为农服务能力，提高业务管理效率和服务质量，建立健全资产监管机制。三是建立长效机制，防范和化解农村信用合作社各类风险。建立多级风险防控与处置机制，落实属地风险处置责任。建立风险互助和流动性互助机制，提升农村信用合作社风险防控能力。实施全面风险管理，健全事前、事中、事后全流程风险管理机制，降低增量风险。四是进一步延伸家庭农场产业链，提高经营效益。推动家庭农场与龙头企业、农民合作社等组织在产供销各个环节进行合作，资源共享、优势互补。推动产业集群建设，实现产业链上下游紧密合作和协同发展。发展乡村旅游，结合自然资源和文化背景，集观光、休闲、体验、教育等多功能于一体，实现农业与旅游业深度融合。

　　本报告是集体合作的成果，分工如下：第一部分由李想编写；第二部分由胡联编写；第三部分由于志慧编写；第四部分由刘敏编写；第五部分由陈宏伟编写；最后由李想、陈宏伟统稿。研究生王睿、黎心怡等做了大量优秀的助研工作。在本报告编写过程中，得到了安徽财经大学分管领导和学校科研处领导的大力支持和帮助，在此一并表示感谢。由于系统深入跟踪研究我国合作经济发展这一课题涉及内容多，难度大，对我们来说具有很大的挑战性，不足之处在所难免，敬请各位领导、专家和合作社工作者批评指正。

编者
2024 年 7 月 12 日

目　录

第一部分 农民专业合作社发展研究报告

一、农民专业合作社的总体概况

(一) 农民专业合作社数量稳中缓升，发展质量稳步提升

近年来，农民专业合作社规模适度拓展，虽然合作社数量增长趋势减缓，但提升服务品质、追求高质量发展已成为合作社发展的普遍趋势。农民专业合作社发展质量稳步提升，为保障粮食安全供给、实现小农户与现代化农业有机衔接提供了主体支撑。如图 1-1 所示，截至 2022 年底，农民专业合作社总数增长至 208.57 万家，较上年增长 2.7%。

从区域来看，黑龙江、上海、内蒙古、天津、江苏、浙江、辽宁、四川 8 个省份农民专业合作社总数呈负增长趋势，较上年降幅分别为 4.6%、4.3%、4.0%、3.8%、2.6%、0.7%、0.5%、0.5%[①]。

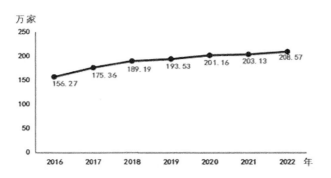

图 1-1 2016—2022 年全国农民专业合作社数量变化趋势

① 中国农村合作经济统计年报（2022）。

一方面，农民专业合作社成员更加多元化。由表1－1可知，从成员类型上来看，2022年农民专业成员数达5984.37万人，较上年下降0.4％，其中，普通农户数量为5717.33万人，建档立卡脱贫农户数近200万人，家庭农场成员数量为163.55万人，企业成员数量为25.07万人，其他成员数量为78.43万人。从要素出资形式上来看，以货币出资成员数为2177.15万人，以土地经营权作价出资成员数为854.99万人。

表1－1 农民专业合作社成员情况表

项目	数量（万人）	增长率（％）
农民专业合作社成员数	5984.37	－0.4
1. 按成员类型划分		
（1）普通农户数	5717.33	－0.4
其中：建档立卡脱贫农户数	200	－41.7
（2）家庭农场成员数	163.55	－0.3
（3）企业成员数	25.07	－6.5
（4）其他成员数	78.43	1.0
2. 按要素出资形式划分		
（1）货币出资成员数	2177.15	1.4
（2）土地经营权作价出资成员数	854.99	－0.4

另一方面，农民专业合作社规范水平不断提升，助力农民专业合作社逐步实现高质量发展。由表1－2可知，截至2022年年底，全国县级及以上示范社20.94万家，较上年增长10.6％，占农民专业合作社总数的10％。如表1－2所示，国家示范社数为0.98万家，比上年增长25.1％；省级示范社数为3.69万家，较上年增长10.1％；市级示范社数为5.93万家，较上年增长4.8％；县级示范社为10.33万家，较上年增长13.2％。

表 1 - 2 农民专业合作社示范社情况

项目	数量（万家）	增长率（％）
农民专业合作社数	208.57	2.7
其中：示范社数	20.94	10.6
1. 国家示范社数	0.98	25.1
2. 省级示范社数	3.69	10.1
3. 市级示范社数	5.93	4.8
4. 县级示范社数	10.33	13.2

（二）多元化是农民专业合作社发展趋势的主要特征

多元化是农民专业合作社发展趋势的主要特征。从横向看，种养业合作社占比超七成，新兴产业发展迅速。2022 年，从事种植业、畜牧业、渔业、林业、服务业的农民专业合作社数量为 114.06 万家、41.18 万家、6.06 万家、11.56 万家、16.16 万家[①]。如图 1 - 2 所示，其占比分别为 54.7%、19.7%、2.9%、5.5%、7.7%。种养业合作社占比为超过七成。由表 1 - 3 中可以看出，种植业合作社中，粮食类合作社 54.17 万家，较上年增长 2.9%；蔬菜类合作社 22.11 万家，较上年增长 2.4%。畜牧业合作社中，生猪、奶业、肉牛羊、肉鸡、蛋鸡类合作社分别为 13.23 万家、1.04 万家、11.81 万家、4.14 万家、2.67 万家，分别较上年增长 1.9%、6.8%、3.2%、4.9%、9.2%。农机、植保服务类合作社数量持续增长。农机服务类合作社 2022 年发展至 9.62 万家，较上年增长 2.2%，植保服务类合作社发展至 1.89 万家，较上年增长 5.6%。在农林牧渔产业发展基础上，农业生产向乡村新兴产业延伸，合作社涵盖内容由生产产品领域向农民生活服务领域拓展，从而催生了新兴产业、新兴业态的出现发展。截至 2022 年底，开展农村电子商务的合作社为 6.28 万家，较上年增长 8.4%，开展休闲农业、旅游的合作社为 1.89 万家，较上年增长 10%，从事民间工艺及制品开发经营的合作社为 0.49 万家，增长率 43.9%。

---

① 中国农村合作经济统计年报（2022）。

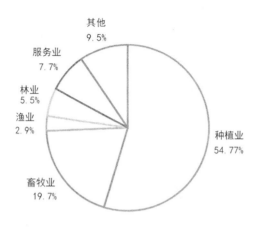

图 1 - 2 2022 年农民专业合作社行业分布状况

从纵向上看，我国农民专业合作社业务从单一种植生产环节逐步延伸至加工、仓储、销售等多个环节，不同种类的合作社涵盖了农业生产经营的全部过程，产业链条持续延伸，农民专业合作社的带动能力得到了较大提升。产加销一体化服务合作社为 104.78 万家，较上年增长 0.4%，以运输、加工服务为主的合作社分别为 9.91 万家、7.17 万家，较上年增长 3.9% 和 5.3%[①]

表 1 - 3 2022 年各类农民专业合作社数量情况表

项目	粮食	蔬菜	生猪	奶业	肉牛羊	肉鸡
数量（万家）	54.17	22.11	13.23	1.04	11.81	4.14
增长率（%）	2.9	2.4	1.9	6.8	3.2	4.9
项目	蛋鸡	农机服务	植保服务	电子商务	休闲旅游	民间工艺
数量（万家）	2.67	9.62	1.89	6.28	1.89	0.49
增长率（%）	9.2	2.2	5.6	8.4	10	43.9

---

① 中国农村合作经济统计年报（2022）

（三）联农带农成效显著，助农增收作用凸显

农民专业合作社发展成果不仅是单纯的数量增多，更多的体现在满足农民意愿上面。农民专业合作社通过盈余返还、交易量返还、统一采购农资、统一销售农产品等多种形式相结合的联农带农机制，有效带动小农户脱贫增收。如表1-4所示，2022年，全国农民专业合作社经营收入 63092386.1 万元，较上年增长 0.6%，农民专业合作社盈余 12005262.3 万元，较上年增长 0.7%。可分配盈余总额为 8739801.2 万元，其中，农民专业合作社按交易量返还成员总额为 4928850.9 万元，按交易量返还成员的合作社数为 43.25 万家，按股分红总额为 2222741.0 万元。

2022年，农民专业合作社为成员提供的经营服务总值为 8773.5 亿元，成员人均享受合作社统购统销服务 1.5 万元[①]。农民专业合作社将小农户与大市场链接起来，让农户生产经营成果在联农带农、助农增收方面，农民专业合作社始终发挥着重要的主体作用。

表 1-4　2022年农民专业合作社经营情况

项目	数量（万元/万家）	增长率（%）
农民专业合作社经营收入	63092386.1	0.6
农民专业合作社盈余	12005262.3	0.7
可分配盈余	8739801.2	0.8
其中：1. 按交易量返还成员总额	4928850.9	0.3
2. 按股分红总额	2222741.0	-0.5
3. 按交易量返还的合作社数	43.25	2.9
统一组织销售农产品总值	64117415.6	-1.7
其中：统一销售农产品达80%以上的合作社数	59.68	10.7
统一组织购买农业生产投入品总值	23617661.1	0.0
其中：统一购买比例达80%以上的合作社数	40.27	-3.3

---

① 中国农村合作经济统计年报（2022）。

（四）积极加入联合社，组织优势持续显现

乡村振兴战略的提出对现代农业发展提出了更高的要求，一方面要求农业生产分工越来越细，一方面要求各产业、各组织之间相互联动、融合发展。联合社应运而生。不同类型的农民专业合作社在实现高层次合作的同时，发挥联合社组织优势作用，推动农民专业合作社实现高质量发展。农业农村部资料显示，单个农民专业合作社自愿联合组建而成的联合社，平均可以带动 12 个成员社，经营收入也远超单个合作社。如表 5 所示，截至 2022 年底，全国农民专业合作社联合社达 1.38 万家，较上年增长 2.8%，联合社成员数达 17.65 万人。联合社经营收入总值 161.70 亿元，社均经营收入 117 亿元（就是收入总值/联合社计算所得），联合社盈余 30.11 亿元，可分配盈余 23.02 亿元，社均可分配盈余 16.7 万元（就是可分配盈余/联合社数计算所得），较上年增长 6.9%，按交易量返还成员总额 12.93 亿元，按股分红总额 5.66 亿元。联合社的持续增长不仅使得单个合作社资源得到优化配置，更使得主体农户的不同需求得到了较大满足，在联结小农户与合作社之间发挥了积极的促进作用，实现共享共赢。

表 1 - 5　2022 年农民专业合作社经营情况

项目		增长率（%）
农民专业合作社联合社数（万家）	1.38	2.8
农民专业合作社联合社成员数（万元）	17.65	-17.2
农民专业合作社联合社盈余及其分配情况（万元）		
1. 农民专业合作社联合社经营收入（万元）	1616960.3	1.1
2. 农民专业合作社联合社盈余（万元）	301131.2	5.0
3. 农民专业合作社联合社可分配盈余（万元）	230169.2	6.9
其中：（1）按交易量返还成员总额（万元）	129348.2	4.8
（2）按股分红总额（万元）	56596.2	3.9

（五）财政扶持有力支撑，发展环境持续优化

政府部门高度重视农民专业合作社发展，通过财政补贴、政策优惠、信贷支持等政策举措支持农民专业合作社高质量发展，助力农民专业合作社实现由注重数量提升到注重质量提升的历史性转变。如表1－6所示，2022年，获得财政扶持资金的合作社有3.73万家，获得财政扶持资金总额56.53亿元，社均财政扶持资金15.16万元。2022年农民专业合作社中承担国家财政项目的合作社有1.32万家，其中承担国家涉农项目的合作社为1.12万家。同时，各金融机构也为农民专业合作社发展提供了资金支持。2022年农民专业合作社贷款余额为98.61亿元，较上年降低了1.1%。随着新时期深入实施新型农业经营主体提升行动以及政府、社会部门对农民专业合作社的高度关注，合作社的发展环境将得到进一步的规范优化。

表1－6　2022年扶持农民专业合作社发展情况

项目	（万家）	增长率（%）
当年获得财政扶持资金的合作社数（万家）	3.73	0.3
当年财政扶持资金总额（万元）	565254.0	－4.8
当年承担国家财政项目的合作社数（万家）	1.32	4.1
其中：当年承担国家涉农项目的合作社数（万家）	1.12	5.2
当年贷款余额（万元）	986111.2	－1.1

二、农民专业合作社助力乡村振兴中的角色定位

（一）农民专业合作社是推动乡村振兴的重要载体

习近平总书记指出，"消除贫困、改善民生、实现共同富裕，是社会主义的本质要求，是党的重要使命。"而乡村振兴是实现共同富裕道路上的必然环节。实现乡村振兴离不开组织载体，农民专业合作社作为扩大乡村地区社会化大生产的重要载体，充分调动了农户的生产积极性。一方面，农民专业合作社通过集聚小农户，组织小农户共同生产、统销统购，使农户在一定程度上将销售主导权掌握在自己手

中，维护了农户在复杂多变的大市场中的主体地位，为农户增收、推进产业振兴贡献了重要力量。另一方面，农民专业合作社积极发挥在提供公共服务、参与基层治理、促进农业科技推广、打造特色品牌等方面的作用，为推动实现乡村振兴战略目标作出了重要贡献。农民专业合作社是实现共同富裕和建设农业强国的必由之路，也是促进乡村全面振兴的重要载体，深入探究新形势下农民专业合作社的有效性与必要性，对巩固脱贫攻坚成果、缓解"三农"问题、实现全体人民共同富裕具有重要的实践意义。

（二）农民专业合作社是做好农业社会化服务的骨干力量

农民专业合作社主要提供的就是生产资料的购买、农产品加工、农产品统一销售、技术咨询培训、信贷支持等服务。农民专业合作社对农户及其他市场主体提供社会化服务方面的支撑，有助于促进农业生产发展、农户增收以及农业经营活动的顺利开展。第一，采购服务。大部分农民专业合作社会为社员提供不同程度的农资采购服务，这是因为农民专业合作社统一进行农资采购时采购规模较大，相比于单一小农户可以获得较多优惠。目前，农民专业合作社提供的农资采购服务种类有种子、化肥、农药、加工设备、农机等。农民专业合作社向厂家直接购买再转卖给社员，省去了中间环节，节约成本，也大大减轻了农户社员的负担，帮助农户进行高效农业生产。第二，销售服务。农民专业合作社既可以帮助提供社员进行农业生产所必需的农资和技术支持，还可以依据本土优势资源，打造具有地理特色的农产品品牌，缓解农产品销售难、销量小、知名度小的难题。将小农户生产聚集起来共同销售，利用规模效应进一步增加农户收入，促进乡村第一、二、三产业融合发展，实现城乡地区经济互利共赢、协调发展。第三，信贷服务。中央一号文件连续几年强调指出，"三农"问题关系着国家命脉，必须积极推进乡村振兴战略，建设农业强国。农信社作为我国农村金融机构的主力军，是推动乡村振兴战略顺利实施的主要力量，同时在提供农业社会化服务方面也发挥了重要作用。农信社通过提供支农支小贷款服务、持续深化改革、加快普惠金融发展等业务，贯彻落实"金融机构助农增收"理念，带动乡村地区小农户实现脱贫增收，破解农户融资难题，满足农户生产对于资金的需求，充分发挥农信社在信贷支农、推动农村地区经济发展中的关键作用。

（三）农民专业合作社是实现农业现代化发展的助推器

若要实现建设社会主义强国的目标，推动农业农村现代化发展是关键。农民专业合作社在推进"三农"工作、加快实现农业现代化发展等方面发挥着重要的跳板作用。在建设社会主义现代化强国目标引领下，充分发挥农民专业合作社优势作用，加快推进农业规模化经营、科学化生产、规范化治理、信息化销售，对农民走上合作经济良性发展道路、建设现代化农业强国具有重要意义。一是规模化经营。农民专业合作社以保障农户利益为前提，通过倡导农户"带地入社"、签订流转租赁合同等方式将土地集中起来，通过自行购入或在党支部帮助下统一购买大型拖拉机、播种机、收割机等机械设备，实现农业机械化、自动化生产。通过发挥其集中要素、资源配置等作用，农民专业合作社带领农户逐渐走上了合作经营、增收致富的良性发展道路。二是科学化生产。科学技术是第一生产力。农民专业合作社通过加强大数据等新型数字技术在农业生产方面的应用，更新农业作业手段，促进农业生产的提质增效，实现科学化生产、高效化经营。在农业生产方面，农民专业合作社通过数字技术筛选优良种子基因，提高农产品质量；通过应用传感测量仪器计算农药化肥最佳使用量，对不同农作物实现精准施肥；通过使用数字化智能伸缩喷水器对浇水系统实施数字控制，实现农业灌溉的精准化、智能化管理。数字技术的应用对农民专业合作社提高农产品品质、提高农业生产效率发挥了积极作用，有助于实现农作物生产稳产高产。三是规范化治理。作为新型农业经营主体，规范化治理模式是农民专业合作社实现高质量发展的核心。农民专业合作社通过构建"党支部＋合作社"发展模式、落实制度章程、完善盈余分配方案、加强财务审计监督等方面提高农户组织化程度，通过联结带动农户合作生产、规范细化农民专业合作社的内部管理体系，实现合作社科学管理，助推乡村全面振兴。四是信息化销售。"互联网＋"已经成为现代社会发展的新动力、新引擎，农民专业合作社借助大数据信息平台，洞察消费者需求，将采集数据反馈给生产者，引导农户按照市场需求进行生产，缓解了农户、合作社、消费者之间的信息不对称问题，降低农户生产的盲目性和不确定性。与此同时，社区团购、直播带货已经成为"新农活"，合作社借助电商平台为消费者提供优质农产品，拓宽了农产品销售渠道，缩短了供应链条。农民专业合作社将产出的优质农产品更快送到消费者手中，降低合作社农产品的流通损耗率和滞销风险。

三、农民专业合作社助力乡村振兴中的作用功能

（一）助力产业兴旺

农业作为第一产业，受农作物生长规律和自然条件制约，存在较大的弱质性，导致农村地区在实现科学化标准化生产、提升产品附加值、缓解生产者和消费者之间信息不对称问题等方面面临着较大的问题。一方面，农民专业合作社作为乡村地区农业技术推广的重要平台，在同质性较强的农户中推广成本低、见效快，对社员进行有针对性的技术指导、培训，不仅有助于该地区特色农产品产业发展，提高农产品附加值，还助推农业科学化精准化生产，加快农业生产标准化转型，助力乡村地区产业兴旺。另一方面，农民专业合作社以"数字化＋农业"的形式，推动农业经营管理智能化发展。农民专业合作社借助大数据平台，洞察消费者需求，同时将采集数据反馈给生产者，农户按照消费者需求进行生产。同时，借助电商直播、社区团购等新形式，为消费者提供优质农产品，拓宽农产销售渠道，缩短供应链条，降低农产品滞销风险，助力产业结构升级。

（二）助力生态宜居

推动绿色生态建设，促进人与自然和谐共存，不仅是推进乡村振兴战略的一大要务，更是实现农村农业现代化发展的主要着力点之一。经济建设与生态文明建设作为矛盾的两个方面，只有在促进经济发展的同时保障生态环境建设，才能以丰富的资源网吸引企业投资，以优美的居住环境吸引人才流入，助力乡村振兴战略的实施。一方面，农户以当期价格决定下一期的生产，在扩大生产规模的同时，破坏了森林和草地，化肥农药喷洒过量，秸秆就地燃烧，造成了严重的土地、大气污染，破坏生态环境。随着农民专业合作社的规范化发展，这些问题得到了缓解。农民专业合作社相较小农户可以更加及时地掌握市场信息，为社员、农户提供更加专业化的产前、产中、产后服务，通过统一提供种子、化肥农药，在减少农药投放量的同时提高农产品竞争力，有利于农村地区生态环境的治理。另一方面，随着乡村振兴战略的多次提出，农业领域投资逐渐活跃，农村地区第一、第二、第三产业融合发

展迅速,以合作社为载体的农家乐、休闲旅游、果蔬采摘等新业态得到了充分开发,不仅有利于农村地区公共基础设施建设的完善,也促进了城乡地区的要素流动,促进城乡服务均等化,对助农增收、建设农村地区宜居环境具有重要意义。

(三) 助力乡村治理和乡风文明建设

随着城市化进程的加快,农村地区也由原来的封闭区域变得更加开放复杂,城乡人口流动导致农村地区原有的人员稳定结构不断解体,这对提升农村地区治理能力提出了更高的要求,而有效的乡村治理是乡村振兴中必不可少的一环。在源远流长的乡村农耕文明的基础之上,以农民为主体,发挥基层干部引领作用、保障村民民主参与村务的能力、发掘和传承中华民族优秀传统文化,在保障农民实现"富口袋"的同时"富脑袋",提高农民的政治素养和精神风貌,通过提高农村地区治理能力、打造良好的乡风文明,将文化软实力转化为对经济的硬支撑。一方面,社员加入农民专业合作社,社内生产培训、技术指导、社会道德等方面的宣传教育有助于规范农民日常生产生活行为,提高农民文化素养和法治意识,引导农民协同合作,发挥农民专业合作社的示范与榜样作用,多维度助力乡村治理,推动农村地区可持续发展与乡风文明建设。另一方面,合作社法规定,农民专业合作社内部实行民主管理,社员对公共事务具有选举权、被选举权、表决权等权利。参与农民专业合作社既有利于提高农民参与公共事务的能力,也有利于丰富乡村治理方式,保障村民自治主体地位,发挥村民群众监督作用,全面提高乡村治理能力和乡风文明建设。

(四) 助力生活富裕

乡村振兴的根本目标是实现农民生活的富裕。只有真正地帮助农民,激发农民内生活力,才能更好地推进乡村振兴建设事业,实现全体人民共同富裕。一方面,受自然因素影响,各地区农产品生产品质不一,缺乏统一的市场标准,农民在大市场中处于弱势地位,无法根据市场变化及时做出调整,生产具有盲目性。农户加入农民专业合作社后,由合作社对农民生产进行统一指导、统一加工,采用标准化生产,由合作社对接当地商超统一销售,降低农户成本的同时大大提高了户均收入,村民生活愈加富裕。另一方面,通过数字技术的支持,农民专业合作社可以建立起智慧农机、精准农业、全程追溯等新型农业产业体系,提高农业生产质量和效率,通过依托地方优质资源，积极引入大数据、物联网技术进行标准化生产，利用遥感、5G等数字技术实现对农作物的实时动态监控和精细化栽培，促进农产品生产的提质高效，发展高端增值农业。再将优质农产品通过京东、阿里巴巴等各大电商平台进行销售，推动产品销售"电商化"，实现农产品线下产销与线上直销双轮驱动发展，为农产品树立优质口碑，进而推动农民收入水平稳步提高。

四、农民专业合作社发展中存在的问题

（一）农民专业合作社推动农业产业链发展能力亟须提升

第一，农民专业合作社规模经营程度偏低。多数合作社的经营规模较小，农业设施配备不完善，难以在生产资料采购、产品销售等方面获得足够的议价能力，因此无法形成有效的规模经济效应。合作社要进行大规模的生产经营，需要足够的资金和资源的供给。然而在实际经营中，土地流转不顺畅、土地碎片化等问题使合作社难以获得集中连片的大规模土地，无法实现规模化种植、养殖，且合作社缺乏有效的生产计划和资源调配机制。这不仅影响了农业生产的效率，也限制了对灌溉设施、仓储设施等先进农业技术和设备的应用，使得规模效益难以充分发挥。另外，产业单一限制了规模的进一步拓展，无法充分发挥各生产环节的协同效应来推动规模增长。许多农民专业合作社由于地理气候条件限制、传统种植习惯、技术与知识缺乏等多方面原因，其经营活动过于集中于某一种或少数几种农产品，缺乏多元化的产业结构。单一产业易受市场价格波动和需求变化的影响，更易受到病虫害等不利因素的冲击，且长期地经营单一产业会削弱合作社在面对这些挑战时的适应力和恢复力，也难以通过产业间的协同发展来推动规模的进一步扩大。同时，产业单一也不利于合作社对新市场、新技术的探索和应用，会抑制合作社在创新和持续改进方面的动力。

第二，农民专业合作社在推动产业融合方面的能力不足。主要体现在以下几个方面：其一，多数农民专业合作社缺乏系统的规划和战略思维。对于农业与二、三产业融合的发展方向、路径和目标不够清晰，未能制订出符合自身实际和市场需求的融合发展规划。一些合作社的管理层和成员对产业融合的重要性和意义认识不足，仍然局限于传统的农业生产模式，没有意识到通过与其他产业的融合可以带来更多的附加值和发展机遇。这导致合作社在实践中往往处于盲目和被动的状态，无法有效整合资源，实现协同发展。其二，农民专业合作社的产业链条普遍较短，技术水平和创新能力有限，难以开发出具有高附加值的融合型产品和服务，无法充分挖掘产业链的潜在价值。农业生产本身的技术含量相对较低，一些合作社在技术研发和应用方面投入不足，缺乏先进的生产技术和设备。这使农产品的加工深度和广度有限，难以实现向高附加值产品和服务的转型。同时，缺乏创新的思维和方法，难以突破传统的农业发展模式。例如，在农业旅游开发中，与旅游、文化等产业的融合深度不够。未能充分挖掘当地的自然景观、历史文化等资源，与农业生产进行有机结合，打造出具有特色的农旅融合项目或文化创意产品，难以吸引消费者，限制了产业融合的发展空间。其三，农民专业合作社与相关产业主体的合作机制不够完善。与加工企业、旅游企业、科研机构等之间的合作不够紧密，缺乏有效的利益联结机制和沟通协调机制，导致合作难以持续深入开展。同时，对市场需求的把握不够准确，缺乏对消费者需求和市场趋势的深入研究和分析，使得产业融合项目缺乏针对性和吸引力。

（二）农民专业合作社的社会化服务水平有待提高

一方面，农民专业合作社对于农业技术培训、市场信息咨询、农产品深加工等方面的服务涉足较少，难以满足社员多样化的需求。另一方面，合作社社会化服务的专业性和精准性不足，合作社提供的技术指导等服务缺乏深度和针对性，不能有效解决实际生产中的难题，导致社员对服务的满意度不高。

此外，社会化服务的覆盖范围也较为有限，主要集中在合作社内部社员，对周边非社员农户的辐射带动作用不明显，未能充分发挥合作社服务社会的功能。而且，在服务的连续性和稳定性方面存在欠缺，容易出现服务断档的情况，不能给社员和相关农户提供长期可靠的支持。这些问题都严重制约了农民专业合作社社会化服务水平的进一步提高，阻碍了合作社的持续健康发展。

（三）农民专业合作社高质量发展的内生动力尚需加强

首先，农民专业合作社的内部治理效能有待提高。一方面，农民专业合作社内部的组织结构不清晰从而导致社员参与度不高。这种不清晰主要表现在管理层与执行层之间的职责划分不明确，以及决策机制的不透明，这不仅影响了合作社的决策效率，也使社员对合作社的发展方向和经营策略缺乏足够的了解和认同，导致其参与合作社事务的积极性不高。另一方面，合作社的财务人员对现代财务管理知识的掌握不足，导致财务管理混乱和资金使用效率不高。财务信息的透明度低，社员难以全面了解合作社的财务状况，影响社员对合作社的信任度。这些问题不仅影响了合作社的经济效益，也增加了合作社的经营风险，不利于合作社的健康持续高质量发展。

其次，农民专业合作社的品牌形象意识不强限制了高质量发展的推进。品牌形象是农民专业合作社在市场竞争中的重要资产，但许多农民专业合作社在这方面存在明显的不足。第一，合作社普遍缺乏品牌意识，没有认识到品牌对于提高产品附加值和市场竞争力的重要性。合作社的产品往往缺乏特色和差异化，难以在消费者心中形成独特的品牌形象。第二，由于在品牌推广上的投资有限，合作社尚未构建起有效的推广策略和渠道。品牌传播目前主要依靠传统的口碑传播，未能有效利用现代媒体和网络平台进行更广泛的宣传。第三，合作社的品牌建设缺乏长远规划和系统性思维，品牌定位不明确，品牌形象不稳定，难以形成持续的品牌影响力。品牌形象塑造不足，不仅影响了合作社的市场竞争力，也限制了合作社的高质量发展空间和潜力。

（四）农民专业合作社的资金和政策难题

其一，农民专业合作社在发展过程中，存在着资金来源与需求不匹配的问题。一方面，合作社的资金需求较为多样化和迫切。随着合作社业务的拓展和规模的扩大，需要大量资金用于优化基础设施建设、进行技术研发和引进，以及拓宽营销渠道，以契合农业现代化发展的要求，提高农产品的质与量，增强产品的市场竞争力。同时，社员培训、日常运营等方面都有较大的资金需求。然而，另一方面，农民专业合作社的资金来源却相对有限。内部社员的入股资金往往较为有限，难以满足庞大的资金缺口，考虑到农业生产的前期投入大且回报周期较长，合作社依靠自身盈利积累资金的速度缓慢。从金融机构获得贷款也并非易事，由于合作社缺乏足够的抵押物或担保，以及金融机构对农业领域风险的考量，贷款额度可能受限且审批流程较为复杂严格。社会资本对农业领域的投资也存在诸多顾虑，参与农业领域的热情并不高涨。政府的扶持资金虽然能提供一定帮助，但依然存在覆盖范围不广或分配不合理的情况，未能真正解决合作社的资金难题。这种资金来源与需求的不匹配，极大地制约了农民专业合作社的高质量展步伐。

此外，现有保险的覆盖和保障力度不足，在一定程度上加剧了合作社的资金困境。这使合作社在面对风险时往往缺乏有效的风险抵御手段，进一步影响了其资金的稳定和积累。

其二，目前，我国的政策扶持体系虽然重视且在一定程度上促进了农民专业合作社的发展，但其精准度和持续性还有待加强。部分政策在制定时，未能充分考虑到不同类型、不同规模、不同发展阶段的合作社的实际需求和差异，导致政策的针对性不强。一些政策在实施过程中，缺乏具体的操作细则和配套措施，导致政策执行效果不够显著。同时，政策的动态调整和优化机制不够健全，不能及时根据合作社发展的实际情况进行调整和完善。此外，政策的持续性也面临挑战。一些扶持政策存在短期性，缺乏长期稳定的支持，不利于合作社根据政策制订合理的发展规划和决策。

五、促进农民专业合作社发展的对策

（一）纵横拓展农民专业合作社产业链，推动农业产业高质量发展

作为我国农业经营领域中发展迅速、覆盖广泛的新型主体，农民专业合作社在推动小农户与现代农业的有效衔接上扮演着关键角色，因此，合作社产业链的纵横拓展具有极为关键的意义。

首先，农民专业合作社应借助数字化延伸并有效贯通产业链。合作社必须对农业产业链的各关键环节予以深入剖析和全面介入，加快进行数字化转型，从而保障并提高各环节的质量。从源头的种子培育环节来看，加强对优质种苗研发的资源投入和学术探究至关重要，这直接关乎农产品的初始品质与潜在产出。在种植养殖过程中，引入先进的农业技术装备和科学的管理模式是提高农产品质量和产量的重要路径。例如，利用精准农业技术，及时调控农作物的生长环境；通过智能化养殖系统，实时监测和管理动物的健康状况。而在加工环节，深入研究和开发多样化且高附加值的农产品加工制品，重视大宗农产品在产地的初加工设施的建设和深加工、精加工的发展，充分挖掘农产品的潜在经济价值，有效提升其市场附加值。充分利用大数据分析等手段保障产销决策的合理性和精准度，借助数字平台加快并优化农产品出村进城过程，并引入信息化管理系统，开展与农业产业链上下游的协同合

作，开展协作生产，提高整体效率，实现资源共享和优势互补，从而推动农民专业合作社产业链的产加销相互贯通，为农村经济高质量发展注入强大的动力。

其次，农民专业合作社应横向打造农文旅融合产业。农民专业合作社需以学术的眼光和创新的思维突破传统农业的边界限制，积极与其他产业进行融合发展，打造农文旅融合的特色农产品，切实激活休闲农业的消费生机与潜力。可从旅游学、农学等多学科角度进行分析，规划农旅融合的特色农业观光项目，如基于景观生态学设计独特的田园景观，或依据体验经济学设置农事体验活动，能让游客深度参与其中，感受乡村独特的魅力。与文化产业联合，挖掘传统的手工艺、民俗文化等农村独特的文化资源，将其转化为具有吸引力的文化产品和体验。例如，基于地域文化特色开发文化创意产品，举办富含文化内涵的民俗活动等。另外，合作社可以发展新业态，实施社区支持农业（CSA）模式满足健康食品需求，采用种养结合、废弃物资源化利用等循环农业模式提高资源利用率，从而提升合作社农产品的生态价值和市场竞争力，提高合作社在推动农村经济可持续发展和农业产业高质量发展中的重要性。

最后，在农民专业合作社纵横拓展产业链的发展过程中，融资和技术创新是至关重要的支撑因素。合作社在积极与各类金融机构建立紧密的合作关系的同时，探索更多元化的融资方式，如股权融资、债券融资，或者利用互联网金融平台开展小额众筹、联合融资等，汇聚社会上的零散资金，为合作社的高质量发展注入新的活力。技术创新是推动农民专业合作社产业链持续升级和优化的核心力量。合作社通过设立专门的技术研发部门或与高校和科研机构共同建立研究中心，构建产学研用的创新体系，加速理论与实践的相互转化，也可与其他新型农业经营主体联合发展，形成规模优势与技术资源的共享与互补，使农业产业链整体的技术创新能力和适应性得以提升，也让合作社推动农业产业高质量发展的能力得以强化。

（二）增强农民专业合作社的服务能力和带动效应，提高社会化服务水平

其一，拓宽农民专业合作社的服务领域是关键的第一步。一方面，合作社应强化自身服务功能，为社员提供农资供应、生产技术指导、病虫害防治等全方位的农业生产服务，确保社员能够顺利开展生产活动。另一方面，要积极发展农产品电商，拓宽销售渠道，以有效解决社员面临的农产品积压问题。同时，还可以开展金融服务、信息咨询等增值服务，满足社员多样化的需求，激发社员的积极性和主动

性。此外，合作社应积极投身乡村基础设施建设、生态环境保护等工作，提高农村的整体形象和吸引力，为乡村产业发展营造良好的外部环境，探索并发展乡村特色产业项目，增强带动农民增收能力。

其二，建立完善的服务机制对增强农民专业合作社的社会化服务能力至关重要。合作社需要制定科学合理的服务流程和标准，明确各个环节的责任和要求，确保服务的有序开展。例如，在农业技术指导方面，制订详细的指导计划和流程，提高服务效率和质量。合作社可推进联合社等形式的组建，与其他相关企业、机构等开展广泛合作，提高服务的层次和水平，为社员和农户提供更全面、更优质的服务，共同推动乡村产业的发展壮大。

其三，强化农民专业合作社的辐射带动作用。合作社要建立并创新与周边农户的利益联结机制，让周边农户也能享受到合作社发展带来的好处，从而带动他们共同发展。积极开展示范推广活动，设立示范基地，展示合作社的先进技术和管理经验，吸引更多的农民加入进来。同时，通过宣传推广，让更多的农民知悉合作社的优势和作用，提高合作社的知名度和影响力。

（三）提高农民专业合作社规范运营水平，助力高质量发展

明确规定成员的权利和义务，强化民主管理机制，合理设置决策机构，确保所有成员都能在合作社的决策工作中享有平等的参与权，避免少数能人控制的民主管理失序问题，从而优化内部治理结构。强化合作社内外利益联结，提高运营效率，提高规范运行水平，增强合作社内部以及产业链主体间的凝聚力，促进农业产业的稳定发展。

建立财务和会计制度是农民专业合作社规范运营、提高效率的关键一环。合作社应依据国家《农民专业合作社法》和相关财税政策，结合自身的实际情况，包括经营规模、业务范围、成员构成及发展需求，确立财务管理的基本原则和目标，制定一套适宜的财务和会计制度，自主选择与新修财务会计制度匹配的操作软件，提高合作社财务管理的规范化水平。加强合作社财务报告和信息披露机制，建立财务审计和评估机制，定期对财务活动进行内部审计和外部评估，及时发现问题并采取措施进行改进，确保财务管理的持续优化和完善。

各级农业农村部门可建设农民专业合作社经营异常的名录，以此督促合作社规范健康发展。全面采集合作社信息，探索建设县级合作社名录数据库，形成经营状

况异常的合作社名录。按照既定标准定期对这些合作社的表现和贡献进行审核评估，动态监测并管理合作社质量，帮助其经营规范化，从而移除经营异常名录，助推"空壳社""僵尸社"的清理，提高农民专业合作社的整体素质和质量，推动合作社朝着更加专业化、规范化、高质量的方向发展。

（四）打造高质量特色农民专业合作社品牌，提高市场竞争力

在农产品同质化趋势下，品牌塑造对于农民专业合作社的发展至关重要。品牌塑造的首要任务在于对自身资源、特色与优势的深入剖析和精准提炼，从而确立清晰而独特的品牌定位。基于此，可围绕地方独特的自然禀赋、传统农耕文化或特色农业资源，精心构建具有差异化和辨识度的品牌形象，通过注册商标、设计独特的包装和标识等方式打造合作社的特色品牌。同时，农民专业合作社应高度重视产品质量与服务品质的提高，给消费者以品牌高质量的印象。多个合作社也可以联合建立品牌联盟，共同进行品牌推广和市场营销活动，以此提高整体的市场影响力。为了有效推广品牌，既要积极投身于国内外相关展销会等传统宣传途径之中，也要充分利用社交媒体和网络直播等新型网络营销工具，增强消费者对品牌的黏性和购买意愿。这既能够形成品牌效应，实现更高的经济效益，还能有力地促使农民专业合作社高度注重自身的品牌形象，进而拥有强劲的提质增效、高质量发展的驱动力。

另外，农民专业合作社需积极应用农产品质量溯源系统，建立产品的身份标识和追溯信息，如二维码、RFID等，记录产品的生长、收获、储存和运输信息，实现产品信息的透明化和可追溯，使合作社品牌体现高质量的标准，提升品牌形象。同时，合作社还需要确保产品符合国家和行业的质量标准，如获得有机认证和地理标志产品认证，增强消费者对食品安全的信心和对合作社品牌的信任，进一步提高合作社产品的市场竞争力。

（五）农民专业合作社加强社员培训力度，政府拓宽辅导员选聘渠道

为切实做好上述高质量发展的工作，农民专业合作社应对内加强社员的技术和管理工作能力的培训，科普农业数字化、智能化的相关知识，以降低成员对合作社数字化转型的顾虑，提升其综合素质，为合作社的长期稳定发展建立起一个对数字化和技术变革持开放态度的成员队伍。合作社对外应吸纳专业人才，加强与外部环境的互动和合作，引入先进的农业技术和成熟的管理经验，并积极参与行业协会和

商会，与其他新型农业经营主体交流经验，以实现健康、稳定和可持续发展。

政府应拓宽辅导员的选聘渠道，充分吸纳外部专业人才，制定辅导员管理的相关制度，开展"千员带万社"行动，组织辅导员实时了解合作社面临的困难与需求，为合作社的产业发展提供及时、专业的指导，创建服务中心助力合作社高质量发展。加强政策引导，提供优质的公共服务，鼓励和助力各类新型农业经营主体在合法合规的基础上，充分发挥自身优势，开展创新型的生产经营活动。与此同时，政府政策可以适当向农民专业合作社倾斜，帮助合作社在竞争的激烈中发展壮大，有效提高其规范运行水平和社会化服务能力，实现农民专业合作社高质量发展目标，从而赋予农村经济以更强的活力，实现乡村振兴的宏伟目标。

第二部分 中国供销合作社发展研究报告

一、全国供销合作社发展现状分析

（一）顶层设计不断加强

对 2013—2023 年中央一号文件中关于供销合作社工作开展的有关内容进行梳理，所得到的简要结果见表 2—1。这些政策建议均对供销合作社长远发展提供了坚实的政策指引。

通过支持供销合作社、大型商贸集团和邮政系统等渠道发展农产品流通网络，有助于解决农产品销售渠道不畅的问题，提高流通效率，减少农产品损耗，提高农民收入。同时，供销合作社在农业社会化服务中具有重要作用，政策扶持可以更好地为农民提供农业技术推广、信息服务和市场对接等公益性服务，提高农业生产效率和农民生活质量。从 2014 年开始，政策鼓励供销合作社进行综合改革，创新组织体系和服务机制。改革之后供销合作社能够更好地适应市场需求，提高服务能力和运营效率。另外，支持供销合作社加强新农村现代流通网络和农产品批发市场建设也有助于形成完善的农产品流通体系，促进农产品市场化运作和农民增收。各项政策提倡在供销合作社基础上发展农村合作金融组织，为农民和农业经营主体提供金融服务支持，解决资金瓶颈问题，促进农业现代化发展。

系列政策也支持供销合作社创办和领办农民合作社，引领农民参与农村产业融合发展，分享产业链收益，有助于提升农民组织化程度和市场竞争力。供销合作社可以积极参与电子商务进农村综合示范项目，建立村级电商服务站点，促进农产品进城和工业品下乡的双向流通，扩大农村市场。政策鼓励供销合作社发展集生产、供销、信用于一体的综合合作，提升服务能力，促进传统农资流通网点向现代农资综合服务商转型，拓宽为农服务的广度和延展为农服务的深度。

在实施乡村振兴战略中，供销合作社作为重要的服务主体，通过深化改革和创新发展，能够在构建农村一、二、三产业融合发展体系中发挥重要作用，助力乡村振兴。供销合作社通过开展农业生产性服务、加强乡村旅游基础设施建设、推动农村电商发展等措施，可以促进农村新型服务业的发展，提高农民生活质量和农村经济活力。推动供销合作社参与现代农业设施建设，特别是农产品冷链物流、农村物流快递网点布局等项目，提高农业基础设施水平，促进农业现代化发展。从2020年到2023年的政策持续强调深化供销合作社综合改革，提升为农服务能力，通过改革创新，不断完善服务体系，确保供销合作社在新时代农业农村发展中发挥骨干作用。

总体来看，这些政策建议通过多方面的支持和引导，全面提升了供销合作社的组织能力、服务能力和市场竞争力，使其成为推动农村经济发展和农业现代化建设的重要力量。

表 2-1　中央一号文件中供销合作社工作总结

年份	政策文件	主要内容
2013	《中共中央国务院关于加快发展现代农业进一步增强农村发展活力的若干意见》	提高农产品流通效率。……支持供销合作社、大型商贸集团、邮政系统开展农产品流通。…… 强化农业公益性服务体系。……充分发挥供销合作社在农业社会化服务中的重要作用。……
2014	《中共中央国务院关于全面深化农村改革加快推进农业现代化的若干意见》	加快供销合作社改革发展。……积极稳妥开展供销合作社综合改革试点。创新组织体系和服务机制。支持供销合作社加强新农村现代流通网络和农产品批发市场建设。…… 发展新型农村合作金融组织。在民合作社和供销合作社基础上，培育发展农村合作金融。……
2015	《中共中央国务院关于加大改革创新力度加快农业现代化建设的若干意见》	加快供销合作社和农垦改革发展。全面深化供销合作社综合改革，创新联合社治理机制，把供销合作社打造成全国性为"三农"提供综合服务的骨干力量。抓紧制定供销合作社条例。……
2016	《中共中央国务院关于落实发展新理念加快农业现代化实现全面小康目标的若干意见》	加强农产品流通设施和市场建设。完善农业产业链与农民的利益联结机制。……支持供销合作社创办领办农民合作社，引领农民参与农村产业融合发展、分享产业链收益。……深入推进农村集体产权制度改革，提升为农服务能力。……
2017	《中共中央国务院关于深入推进农业供给侧结构性改革加快培育农业农村发展新动能的若干意见》	积极发展适度规模经营。……加强农民合作社规范化建设，积极发展"三位一体"综合合作。促进传统农资流通网点向现代农资综合服务商转型。……推进农村电商发展。加强从村到乡镇的物流体系建设，实施快递下乡工程。……统筹推进农村各项改革。继续深化供销合作社综合改革，增强为农服务能力。……
2018	《中共中央国务院关于实施乡村振兴战略的意见》	构建农村一二三产业融合发展体系。……重点解决农产品销售中的突出问题，支持供销、邮政及各类企业把服务网点延伸到乡村，深入实施电子商务进农村综合示范，加快推进农村流通现代化。…… 推进体制机制创新，强化乡村振兴制度性供给。深入推进农村集体产权制度改革。……全面深化供销合作社综合改革，做好农村综合改革、农村改革试验区等工作。…… 发展乡村新型服务业。支持供销、邮政、农业服务公司、农民合作社等开展农业生产性服务。加强乡村旅游基础设施建设，改善公共服务设施。……
2019	《中共中央国务院关于坚持农业农村优先发展做好"三农"工作的若干意见》	巩固和完善农村基本经营制度。坚持家庭经营基础性地位，赋予双层经营体制新的内涵。……启动家庭农场培育计划，开展农民合作社规范提升行动，深入推进示范合作社建设。……

年份	政策文件	主要内容
2020	《中共中央国务院关于抓好"三农"领域重点工作确保如期实现全面小康的意见》	加强现代农业设施建设。……加强农产品冷链物流统筹规划、分级布局和标准制定。依托现有资源建设农业农村大数据中心，加快现代信息技术在农业领域的应用。开展国家数字乡村试点。……发展富民乡村产业。……有效开发农村市场，扩大电子商务进农村覆盖面，支持延伸乡村物流服务网络，加强村级电商服务站点建设，推动农产品进城、工业品下乡双向流通。……
2021	《中共中央国务院关于全面推进乡村振兴加快农业农村现代化的意见》	抓好农村重点改革任务。……继续深化供销合作社综合改革，提高为农服务能力。……推进现代农业经营体系建设。实施家庭农场培育计划，推进农民合作社质量提升，加大对运行规范的农民合作社扶持力度。深化供销合作社综合改革。开展"三位一体"综合合作试点，健全服务农民生产生活平台，培育高素质农民，组织参加技能大赛。……
2022	《中共中央国务院关于全面推进乡村振兴加快农业农村现代化的意见》	合理保障农民种粮收益。健全农民种粮收益保障机制，加大产粮大县奖励力度，创新粮食产销区合作机制。聚焦关键薄弱环节和小农户，加快发展农业社会化服务。……加强县域商业体系建设。实施县域商业建设行动，促进农村消费扩容提升级。加快农村物流快递网点布局、"互联网+"农产品出村进城工程，推动冷链物流服务网络向农村延伸，支持供销合作社开展县域流通服务网络建设提升行动，建设县域集采集配中心。……
2023	《中共中央国务院关于做好2023年全面推进乡村振兴重点工作的意见》	促进农业经营增效。深入开展新型农业经营主体提升行动，实施农业社会化服务促进行动，引导土地经营权有序流转，发展农业适度规模经营。完善社会资本投资农业农村指引，健全社会资本通过流转取得土地经营权的资格审查、项目审核和风险防范制度，切实保障农民利益。坚持为农服务和政事分开、社企分开，持续深化供销合作社综合改革。……

（二）综合经营状况持续改善

1.销售总额

供销合作社的销售总额从 2009 年的 12349.82 亿元逐年上升，到 2018 年达到峰值 58925.90 亿元，随后在 2019 年和 2020 年有所回落，分别为 55884.46 亿元和 53000 亿元。其中，农业生产资料销售额从 2009 年的 4072.64 亿元逐年增长，到 2018 年达到峰值 9191.90 亿元，随后略有回落，2020 年为 8667.10 亿元。可能原因在于农业现代化的推进和对高效农业投入品需求的增加。然而，近年来，农业生产资料市场趋于饱和，加上农业生产资料价格的波动，使得其销售额增速放缓。

日用消费品销售额从 2009 年的 3798.56 亿元逐年增加，到 2018 年达到 19142.70 亿元，随后在 2019 年和 2020 年有所减少。可能原因在于日用消费品的销售增长受益于农村居民收入增加和消费能力提升。近年来，随着电商的快速发展，消费模式变化也影响了传统供销合作社的销售。

农副产品销售额从 2009 年的 2311.10 亿元逐年上升，到 2020 年达到 22205.30 亿元，呈现持续增长趋势。可能原因在于农副产品销售的持续增长主要得益于供销合作社在农产品收购和销售方面的网络优势，以及国家对农产品流通和市场化的政策支持。

再生资源销售额从 2009 年的 950.36 亿元增长到 2018 年的 2989.30 亿元，随后略有波动，但总体较为稳定。可能再生资源销售的增长主要源于环保政策的加强和再生资源回收利用率的提高。近年来，随着环保意识的增强和循环经济的发展，再生资源市场需求不断扩大。

供销合作社销售总额总体呈现增长趋势，特别是在 2016 年之前增长较为迅速，之后增速有所放缓甚至出现下滑。其主要原因包括：一是国家政策对供销合作社的改革和支持促进了其业务的发展，尤其是在农业生产资料和农副产品领域；二是农村消费市场的扩大和农产品流通的现代化需求推动了供销合作社的销售增长；三是电商的发展和物流体系的完善对传统供销合作社形成了竞争，也促使其进行现代化转型；四是再生资源的需求增长得益于国家环保政策和循环经济的发展，但市场波动也影响了销售额的稳定性。

2019 年和 2020 年销售总额有所下降，可能的原因包括：宏观经济环境的变化，特别是国际贸易环境的不确定性，可能影响了农业生产资料和农副产品的市场需求。电商和现代物流的发展也对传统供销合作社形成了较大冲击，分流了部分日用消费品的销售额。此外，2020 年新冠疫情的暴发，对各类商品的生产、流通和消费都带来了负面影响，导致供销合作社的整体销售额下降。

总体而言，供销合作社的销售情况反映了农业现代化、农村经济发展和市场变化的综合影响。未来，供销合作社需要进一步深化改革，适应市场变化，提升自身的竞争力和服务能力（见图 2—1）。

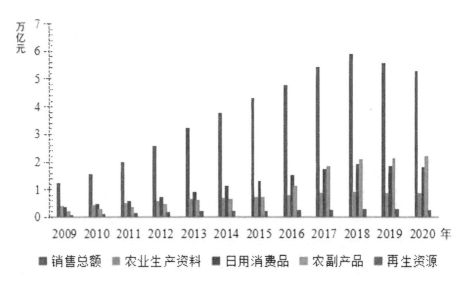

图 2 - 1　2009－2020 年销售总额及分类

2. 商品交易（批发）市场交易额

商品批发市场的销售额从 2009 年到 2020 年持续增长，尤其是 2013 年之前增长速度较快，之后增速有所放缓但仍保持上升趋势。可能原因在于国家政策的大力支持，包括现代农业发展、农村流通网络建设和供销合作社改革，促进了商品批发市场的发展。随着农村经济的发展和农民收入的增加，商品批发市场的需求不断上升，现代物流和电子商务的发展也使得商品批发市场的覆盖面扩大、商品批发市场的效率大幅提高。

农副产品市场的销售额从 2009 年的 1296.03 亿元逐年增长，到 2020 年达到 9002.70 亿元，增长趋势明显。随着人口增长和城市化进程，农副产品的需求量不断增加，带动了市场销售额的增长。供销合作社加强了农产品流通设施和市场建设提高了农产品的流通效率、拓宽了农产品的销售渠道。

再生资源市场的销售额从 2009 年的 181.99 亿元逐年增加，到 2018 年达到峰值 828.40 亿元，随后有所回落，2020 年为 768.50 亿元。得益于国家对环保和循环经济的重视，促进了再生资源市场的发展。再生资源回收利用技术的进步，提高了再生资源的市场价值。再生资源市场受政策、技术和市场需求的影响较大，近年来市场波动导致销售额有所下降。

政策支持和改革推动各类市场的增长离不开国家政策的支持和供销合作社的改革。通过深化改革和政策引导，供销合作社在商品流通、农产品销售和再生资源回收等方面取得了显著成效。随着农村经济的发展和农民收入的增加，农村消费市场不断扩大，对各类商品和农副产品的需求不断上升，促进了供销合作社各类市场的销售增长。供销合作社加强了现代流通网络的建设，特别是农产品流通设施和市场建设，提高了流通效率，扩大了市场覆盖面，提高了销售额。电子商务的发展和现代物流体系的完善，使供销合作社能够更好地服务农村市场，提高了商品和农副产品的流通效率和销售额。环保政策的推进和循环经济的发展，提高了再生资源市场的需求和销售额。然而，市场的波动性也对其销售额产生了一定影响。

总体而言，供销合作社各类市场的销售额在过去十年中持续增长，主要得益于政策支持、农村经济发展、现代流通网络建设以及电子商务和物流的发展。再生资源市场的增长则主要得益于环保政策和循环经济的发展。未来，供销合作社需要继续深化改革，适应市场变化，提高自身的服务能力和市场竞争力（见图 2－2）。

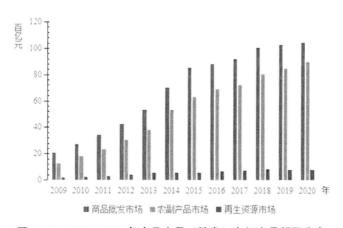

图 2－2 2009－2020 年商品交易（批发）市场交易额及分类

3. 进出口额

进出口总额从 2009 年的 570.65 亿元逐步增加到 2020 年的 893.40 亿元，尽管在 2013 年和 2014 年有所下降，但总体趋势是上升的。可能原因在于全球市场需求变化，随着全球经济的复苏和国际市场需求的变化，供销合作社的进出口贸易逐渐增加。供销合作社不断开拓新市场，扩大了进出口业务的规模和覆盖面。

进口额从 2009 年的 226.64 亿元增加到 2020 年的 518.10 亿元，增长显著，尤其是 2017 年之后增长加速。可能原因在于国内市场对进口商品需求的增加，特别是高质量农产品、生产资料和消费品的需求，促进了进口额的增长。国家对进口政策的调整和关税的降低，降低了进口成本，刺激了进口业务的发展。供销合作社通过优化供应链管理，提高了进口效率、扩大了进口规模。

出口额从 2009 年的 349.10 亿元增加到 2020 年的 375.40 亿元，虽然有波动，但总体保持稳定。由于国际市场竞争激烈，虽然供销合作社不断努力拓展出口市场，但受全球经济波动和贸易摩擦影响，出口增长受限。出口产品的竞争力和国际市场需求的变化也影响了出口业务的发展，特别是传统农副产品的出口面临挑战。汇率波动对出口价格和竞争力产生影响，进而影响出口额的波动。

系列政策对供销合作社的进出口业务提供了支持，包括贸易政策的调整、关税优惠和市场开拓激励措施，推动了进出口业务的发展。同时，国际贸易环境发生变化，包括自由贸易协定的签署和国际市场的开放，为供销合作社提供了更多的贸易机会。国内市场对高质量进口商品的需求增加，特别是农业生产资料和消费品的需求，推动了进口业务的快速增长。供销合作社在满足国内市场需求的同时，也通过出口优质农副产品和再生资源，提升了国际市场竞争力。

总体而言，供销合作社的进出口业务在过去十年中总体呈现增长趋势，特别是进口业务增长显著。政策支持、国内市场需求增加、市场开拓和竞争力提升是主要推动因素。然而，全球经济和贸易环境的波动也对进出口业务产生了一定影响。未来，供销合作社需要继续加强国际市场开拓，提升产品竞争力，优化供应链管理，以应对国际市场的变化和挑战（见图 2—3）。

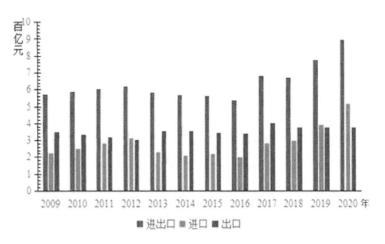

图 2-3　2009-2020 年进出口额

4. 连锁经营销售额与农产品购进额

连锁经营销售额从 2009 年的 3993.01 亿元逐年上升，到 2018 年达到 10851.9 亿元，之后在 2019 年和 2020 年有所回落，分别为 10595.98 亿元和 10346.1 亿元。可能原因在于供销合作社不断扩展连锁经营网络，通过建立更多的连锁店和服务点，扩大了销售覆盖面。随着农村经济发展和居民收入增加，农村市场对连锁经营商品的需求持续增长。供销合作社通过提高服务质量、增加商品种类，满足了农村消费者的多样化需求，提高了销售额。此外，近年来电商的快速发展对传统连锁经营产生了一定冲击，部分消费者转向线上购物，导致连锁经营销售额有所回落。

农产品购进额从 2009 年的 1953.88 亿元逐年增加，到 2020 年达到 16133.2 亿元，增长显著。农业现代化和生产力提升，带动了农产品产量和品质的提高，增加了农产品购进量。随着国内外市场对农产品需求的增加，供销合作社加大了农产品的购进力度，以满足市场需求。供销合作社通过优化农产品供应链管理，提高了采购效率，扩大了购进规模。

农村经济的发展和居民收入的增加，带动了农村市场对连锁经营商品和农产品的需求增长，供销合作社通过拓展业务和提升服务，满足了市场需求。供销合作社通过加强供应链和物流体系建设，提高了连锁经营和农产品购进的效率，扩大了市场覆盖面和业务规模。农业现代化和生产力的提升，增加了优质农产品的供应量，供销合作社通过加大购进力度，满足了市场需求，推动了农产品购进额的增长。电商和现代物流的发展，对传统连锁经营产生了一定影响，但供销合作社通过与电商平台合作和优化流通方式，提高了连锁经营和农产品购进业务的竞争力。

总体而言，供销合作社的连锁经营销售额和农产品购进额在过去十年中整体呈现增长趋势。政策支持、市场需求增加、供应链和物流体系建设、农业生产力提升等是主要推动因素。然而，电商的发展对传统连锁经营产生了一定冲击，供销合作社需要通过优化业务模式和提高服务质量，继续满足市场需求，保持业务增长。未来，供销合作社应进一步深化改革，适应市场变化，提高自身竞争力和服务能力（见图 2—4）。

图 2－4　2009－2020 年连锁经营销售与农产品购进额

（三）供销合作社机关情况稳定

1. 供销合作社机关数量及分布

从 2009 年的 2709 个增加到 2020 年的 2789 个，供销合作社的总数在逐年增加。其中，省社数量从 2009 年的 28 个增加到 2020 年的 32 个，增加了 4 个，增幅相对较小且逐渐趋于稳定。省辖市社数量从 2009 年的 335 个保持不变，直到 2017 年增加到 342 个，并在 2020 年达到 344 个。县社数量从 2009 年的 2349 个增加到 2020 年的 2412 个，整体呈现稳定增加的趋势。

可能原因在于国家政策持续支持和鼓励供销合作社的发展，通过政策引导和资金支持，促进了各级供销合作社的设立和运行。同时，供销合作社综合改革的推进，使得机构设置更加合理和完善，增强了服务能力。

随着农村经济的发展和农业现代化的推进，农村对农产品流通和服务的需求增加，推动了供销合作社的发展。农村居民消费水平也得以进一步提高，对日用消费品和农资产品的需求增加，促进了供销合作社机关数量的增加和分布的优化。省社数量增加和稳定，体现了省级供销合作社在组织协调和管理中的重要作用，优化了供销合作社的组织架构。省辖市社和县社数量的增加，尤其是县社数量的稳定增加，表明基层供销合作社在服务"三农"中发挥了重要作用，覆盖面不断扩大、服务能力不断提高。此外，通过整合资源和优化配置，提高了供销合作社的运营效率和服务能力，促使其数量和分布更加合理。信息化和现代物流的发展，也可以提高供销合作社的服务效率和管理水平，推动了其数量的增加和分布的优化。

供销合作社的机关数量从 2009 年至 2020 年呈现逐年增加的趋势，主要是由于政策支持、农村经济发展、组织架构优化和资源整合等多方面因素的共同作用。未来，供销合作社需要继续深化改革、强化基层服务和推进信息化建设，以更好地适应农村经济发展和市场需求，提高服务能力和运营效率（见图 2－5）。

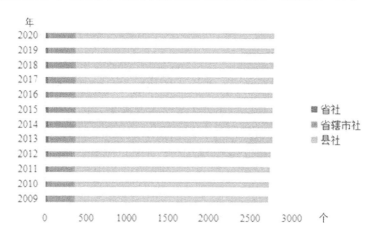

图 2－5 2009－2020 供销合作社机关数量及分布

2. 基层供销合作社数量及分类

从 2009 年的 12852 个增加到 2020 年的 35043 个，基层供销合作社数量呈显著上升趋势。

集体所有制供销合作社从 2009 年的 12167 个增加到 2020 年的 21041 个，尽管数量增加，但占总数的比例有所下降。股份制从 2009 年的 1174 个逐年波动变化，到 2020 年为 861.80 个，整体数量和比例均有所下降。股份合作制供销合作社从 2009 年的 115 个增加到 2013 年的 1706 个，随后逐渐减少，到 2020 年为 129156 个。其他类型供销合作社从 2009 年的 73338 个增加到 2020 年的 12150 个，增长显著，占比逐渐提高。

国家政策持续支持供销合作社的发展，通过政策引导和资金投入，促进了基层供销合作社的设立和运行。供销合作社综合改革的推进，使得组织形式更加多样化，特别是股份合作制和其他新型合作模式的推广和发展。随着农村经济的发展和居民收入的增加，农民对生产资料、消费品和服务的需求不断增长，推动了基层供销合作社的发展。农业现代化的推进，提高了农业生产效率和农产品质量，增加了对基层供销合作社的依赖。

组织形式的创新促进股份合作制推广，激发了农民的积极性和创造性，提高了合作社的运营效率和服务质量。除了传统的集体所有制外，供销合作社逐渐探索多种组织形式，实现多样化发展，包括股份制、股份合作制和其他类型，适应不同地区和市场的需求。农村市场需求的多样化和个性化，促使供销合作社在组织形式和服务内容上不断创新和调整，以满足不同层次的需求。电子商务和现代物流的发展，改变了传统的农村市场格局，对供销合作社的运营和服务提出了新的要求。

供销合作社基层机构的数量从 2009 年至 2020 年显著增加，反映出供销合作社在农村经济中的重要地位和作用。集体所有制仍是主要形式，但股份合作制和其他新型组织形式的发展趋势明显，适应了市场需求和政策环境的变化。未来，供销合作社应继续深化改革，创新组织形式，提高服务质量和运营效率，以更好地服务"三农"，推动农村经济的持续发展（见图 2－6）。

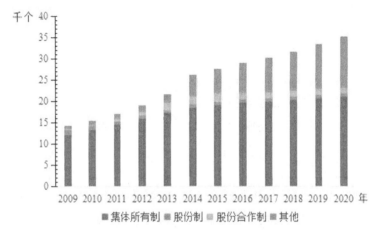

图 2－6　2009－2020 基层供销合作社数量及分类

3. 供销合作社人员编制

总人员编制从 2009 年的 5.5 万个逐渐减少到 2020 年的 4.9 万个，整体呈下降趋势。参公人员编制从 2009 年的 3.2 万个增加到 2014 年的 3.8 万个后逐渐减少，到 2020 年降为 3.4 万个，整体先上升后下降。

国家和地方政府对供销合作社的政策支持和管理体制进行调整，可能导致人员编制的变动。尤其是推进供销合作社综合改革，优化组织架构和管理模式，减少了冗余人员。随着供销合作社深化改革和优化管理，精简机构和提高工作效率成为改革的重要目标，导致人员编制逐渐减少。同时，现代信息技术的应用和信息化建设的推进，提高了工作效率和管理水平，减少了对人员编制的需求。自动化和智能化设备的使用，也降低了人力需求，特别是在重复性和低技术含量的工作中。此外，市场需求的变化，供销合作社需要灵活调整人员配置，以适应不同的市场环境和业务需求。供销合作社可能采用更加灵活的用工模式，如聘用临时工、合同工等，减少了固定编制人员的数量。强化绩效管理，通过绩效考核和激励机制，提高员工的工作积极性和效率，从而减少人员编制。对于可能面临人员流动性增加的问题，一些员工可能流向其他行业或岗位，导致编制人员减少。

供销合作社的人员编制从 2009 年至 2020 年逐渐减少，主要原因包括政策和改革的影响、现代化和信息化的推进、经济和市场因素的压力、管理模式的变化以及自然减员等。参公人员编制先上升后下降，反映出供销合作社在改革和发展过程中对参公人员编制的灵活调整。未来，供销合作社需要继续深化改革，优化人员配置，提高管理和运营效率，以适应市场需求和政策环境的变化，推动供销合作社的持续发展（见图 2－7）。

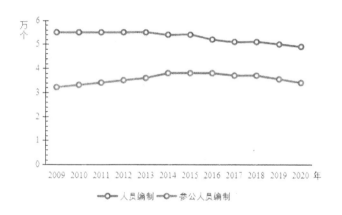

图 2－7　2009－2020 年人员编制

4. 供销合作社机关性质

事业单位性质的供销合作社数量逐年增加，从 2012 年的 2441 个增加到 2017 年的 2660 个。企业化管理的供销合作社数量逐年减少，从 2012 年的 144 个减少到 2017 年的 78 个。其他性质的供销合作社数量逐年减少，从 2012 年的 166 个减少到 2017 年的 39 个。

政府对供销合作社的政策支持倾向于事业单位性质，这可能是因为事业单位性质的供销合作社能够更好地发挥其公共服务职能，符合国家对农业和农村发展的战略需求。综合改革使得部分企业化管理和其他性质的供销合作社逐渐转变为事业单位性质，以便更好地享受政策和资金支持。事业单位性质的供销合作社在编制和资金方面有更高的稳定性和保障，吸引更多合作社选择这种性质，在公共服务、政策执行和社会职能方面具有优势，更容易得到政府和社会的支持。

企业化管理的供销合作社在市场竞争中可能面临更多挑战，特别是在资源、管理和运营方面，相比事业单位性质的供销合作社更容易受到市场波动的影响。政策和资金支持方面相对较少，导致一些合作社转向事业单位性质以获得更多支持。随着供销合作社综合改革的推进，标准化和规范化管理成为趋势，一些不符合规范的其他性质的供销合作社被整合或淘汰，数量逐渐减少。其他性质的供销合作社通过转型升级，部分转变为事业单位或企业化管理，导致数量减少。

供销合作社机关性质的变化反映了政策支持和改革深化的影响。事业单位性质的供销合作社数量逐年增加，企业化管理和其他性质的供销合作社数量逐年减少。这主要是由于事业单位性质的供销合作社在政策支持、稳定性和公共服务职能方面具有优势，而企业化管理和其他性质的供销合作社在市场竞争和政策支持方面面临更多挑战。未来，供销合作社需要继续深化改革，优化组织结构，提升管理和服务能力，以更好地适应市场需求和政策环境的变化，推动农村经济的持续发展（见图2—8）。

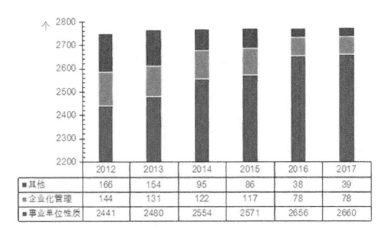

	2012	2013	2014	2015	2016	2017
■其他	166	154	95	86	38	39
■企业化管理	144	131	122	117	78	78
■事业单位性质	2441	2480	2554	2571	2656	2660

图 2-8　机关性质

（四）拓展为农综合服务

1. 农业社会化服务

土地全托管面积从 2017 年的 7315.7 万亩增加到 2018 年的 9167.1 万亩，然后逐年减少，到 2020 年降为 3701.3 万亩。土地流转面积逐年增加，从 2017 年的 2003.9 万亩增加到 2020 年的 3923.2 万亩。土地流转面积逐年增加，反映出土地流转模式受到越来越多农户和农业经营主体的欢迎，这与国家政策鼓励土地流转、实现规模化经营的目标一致。土地全托管面积在经历了 2017 年和 2018 年的增长后，逐渐减少，这可能与全托管模式在实践中面临的管理和效率问题、农户和经营主体对经营模式的调整有关。

国家政策鼓励土地流转，以实现农业规模化经营和资源优化配置，促使土地流转面积逐年增加。同时，全托管的模式在早期受到欢迎，但随着农业生产环境和政策的变化，可能出现了一些问题或挑战，导致全托管面积减少。随着农业现代化的发展，越来越多的农户和农业企业通过土地流转实现规模经营，提高生产效率，促进了土地流转面积的增加。全托管模式在实施过程中可能遇到管理和效率上的挑战，部分农户可能选择重新管理自己的土地或选择其他更为灵活的经营模式，导致全托管面积的减少。

新型农业经营主体，如家庭农场、农民合作社、农业企业等的兴起，推动了土地流转的需求，同时这些主体也可能偏向于更为灵活的土地流转模式，而不是全托管。全托管模式在实践中可能暴露出一些效率低下或管理成本高的问题，使得部分农户和经营主体更倾向于通过土地流转进行规模化经营，而非完全托管。这种模式可能在风险管理方面面临挑战。例如，自然灾害、市场波动等影响农业生产和收益，导致农户和经营主体对全托管的兴趣下降。土地流转模式下，农户可以通过流转土地获得稳定的租金收益，同时参与其他农业或非农产业，分散了风险，提高了收益保障。

总体来看，农业社会化服务的发展正在向多样化和灵活化方向发展，土地流转模式逐渐成为主流，而土地全托管模式在实际应用中则面临一些挑战和调整。未来，需要进一步优化和创新农业社会化服务模式，提高农业生产效率和农民收益，推动农业现代化和农村经济发展（见图 2—9）。

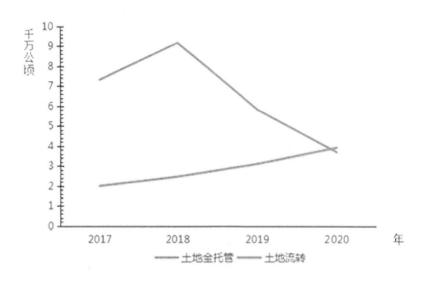

图 2-9　土地全托管和土地流转面积

2. 农村综合服务社

农村综合服务社数量逐年增加，从 2012 年的 27.5 万个增加到 2020 年的 44.8 万个。通过农村综合服务社数量的变动，可以看出农业社会化服务在逐年发展壮大：农村综合服务社的数量增加，反映了农村综合服务体系的不断完善和扩展。

随着政策支持、市场化运作、社会资本参与、技术进步和信息化发展的推动，农村综合服务社的服务能力不断提高、覆盖范围不断扩大。农村综合服务社的发展不仅满足了农业生产服务的需求，还逐步满足了农村居民的生活服务需求，提高了农村居民的生活质量和幸福感。出台的系列政策，鼓励和支持农村综合服务社的发展，以提高农村公共服务水平和农业社会化服务能力。这些政策包括财政支持、技术培训、基础设施建设等。随着乡村振兴战略的实施，农村综合服务社作为农村社会化服务的重要组成部分，得到了更多的政策关注和资源投入，促进了其数量的增加。同时农业现代化的推进，农民对农业技术、农资供应、信息服务等方面的需求增加，推动了农村综合服务社的发展。

农村居民对教育、医疗、文化娱乐等生活服务的需求增加，促使农村综合服务社提供更多元化的服务，吸引更多农村居民和农业生产者参与。农村综合服务社逐渐引入市场机制，通过优化管理和服务模式，提高服务质量和效率，吸引更多农民参与和支持。另外，农业技术和信息化的发展，为农村综合服务社提供了更好的技术支持和管理手段，提高了服务能力和效率。互联网和信息技术的普及，促进了农村综合服务社的信息化建设，使其能够更好地满足农民和农村社会的多样化需求。

总体来看，农村综合服务社的持续增加和发展，标志着农业社会化服务体系的不断完善和提升，对推动农村经济发展、农业现代化和乡村振兴具有重要意义（见图 2－10）。

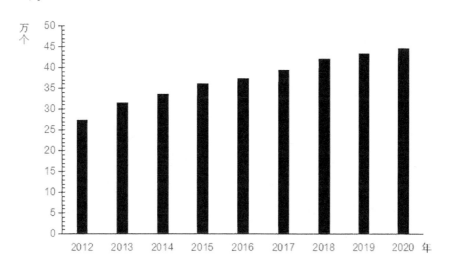

图 2－10　2012－2020 年农村综合服务社数量

3. 商品基地数与人才培训

商品基地数量从 2012 年的 29349 个增加到 2015 年的 40189 个，呈现逐年增长的趋势。技术培训人次从 2016 年的 333.9 万人次逐年减少，到 2018 年降至 167.6 万人次，随后略有回升，到 2020 年为 182.4 万人次。商品基地数量的持续增加反映了农业产业化、标准化生产和市场需求的不断提升，农业生产基地建设和管理水平不断提高。技术培训人次在 2016 年之后逐年减少，但在 2019 年和 2020 年略有回升，反映了农业技术培训方式和需求的变化，可能更多注重培训质量和效果（见图 2－11）。

系列政策鼓励农业产业化和标准化生产，推动了商品基地的建设。这些基地通过集中资源、技术和管理，提高了农产品的质量和市场竞争力。国家和地方政府积极推进农业技术培训，提高农民的技术水平和生产技能。然而，技术培训人次的逐年减少可能与培训方式的转变（如更多依赖在线培训）或对培训质量而非数量的重视有关。

随着市场对高质量农产品需求的增加，商品基地的数量不断增长，满足了市场和消费者的需求。技术培训需求的减少可能反映了农民在基础培训之后，对深层次、专业化培训的需求增加，导致培训人次的减少，但培训质量得到提升。农业科技的进步促进了商品基地的扩展和管理水平的提高，使得基地数量和质量不断提高。信息技术的发展为农业技术培训提供了新的途径，在线培训、远程教育等新形式的普及，可能导致传统技术培训人次的减少。

技术培训方式从集中线下培训逐步转向线上培训和现场示范等多种形式，可能导致统计的培训人次减少，但实际培训覆盖面可能有所扩大效果可能有所提高。对培训效果和实用性的关注度提高，更多注重培训的深度和实效性，而非单纯的培训人次，可能导致总人次的减少但培训质量和效率提高。

商品基地和技术培训的变化反映了农业社会化服务体系的不断完善和提升，农业生产和技术服务水平逐步提高。农业技术培训方式的多元化和信息化发展，推动了农民技术水平的提高和生产效率的提高。政策支持和市场需求双重驱动商品基地数量的增加和技术培训的优化，为农业现代化和农村经济发展提供了坚实的保障。农业社会化服务的不断发展，有助于提高农业生产效率和农民收益，推动农业现代化和农村经济振兴。

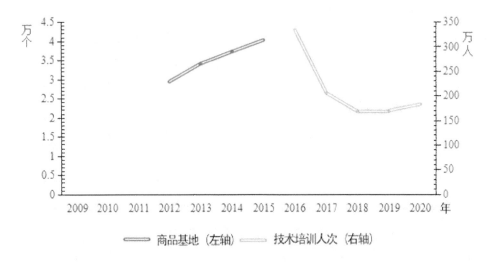

图 2-11 2009-2020 年商品基地与技术培训人次数量

二、全国供销合作社改革发展中存在的主要问题

（一）产权改革迟缓，制约发展步伐

1. 产权界定不清晰与产权结构复杂

全国供销合作社在改革发展中存在的产权问题主要体现在以下几个方面。首先，社有资产的性质和产权归属不清晰。供销合作社成立 60 多年来，经历了多次与国有商业机构的整合与分割，资产的属性经历了所有制的转变，从最初的社员所有转为集体所有制，又转为全民所有制，20 世纪 80 年代初最终回归到集体所有制。这种反复转变导致资源配置效率低下，进而影响供销社的经营效率和市场竞争力。同时，产权结构复杂，涉及全民所有制与集体所有制之间的多次往复，使得改革推进困难，不利于统一管理和运营效率提高。

法律上，《中华人民共和国宪法》第八条规定了农村中各种形式的合作经济属于社会主义劳动群众集体所有制经济，这意味着供销合作社资产理应归属于劳动群众集体所有。然而，迄今为止，这种集体所有制在经济上尚未得到有效实现。《中华全国供销合作总社章程》规定供销合作社是农民社员为主体的集体所有制经济组织，但从制度安排来看，合作制与集体所有制存在本质区别，要求供销合作社成为两者的合体，实际操作上存在困难。此外，我国尚未有针对供销合作社资产管理的法规，既无法完全按照《公司法》规范，也无法根据社团相关法律保障权益。

目前，供销合作社系统主要依靠中央文件和相关政策来拓宽发展空间和寻求保护。然而，实际操作中面临诸多实践难题。一些地方政府将社有资产收归国有，导致供销合作社的资产归属问题更加复杂。此外，一些地方的供销合作社与社有企业在资产权属上存在分歧和争议。这些问题亟须供销合作社及相关地方政府部门引起高度重视并加以解决。

2. 属地化管理和地方保护主义的影响

资产分级所有的属地化管理体制和地方保护主义对供销合作社的发展产生了多重不利影响。属地化管理指地方供销社根据地域划分，负责管理和运营当地的供销

社业务，虽然在一定程度上可以提高管理效率并满足地方经济发展的需要，但地方保护主义的介入却使这一体制弊病丛生。地方保护主义，是指地方政府或部门为了保护本地经济利益或政治利益，利用行政权力干预市场，设置市场障碍，破坏市场机制，限制外地企业参与公平竞争的行为。这种行为违背了市场经济的公平竞争原则，可能对经济健康发展造成负面影响。具体而言，地方保护主义对供销社属地化管理的影响主要体现在以下几个方面：地方政府可能通过行政手段限制外地商品或服务进入本地市场，影响供销社系统的开放性和竞争性；导致资源配置不合理，地方政府在资源配置上偏向于本地企业，不利于形成公平竞争的市场环境；中央政策在地方执行时遭遇阻力，影响政策效果；缺乏竞争导致企业的创新动力和经营效率降低。为了减少地方保护主义对供销社属地化管理的负面影响，需要加强法治建设，完善相关法律法规，确保市场公平竞争；转变政府职能，减少行政干预；深化财税体制改革，合理划分中央与地方的财权和事权；加强行政执法，确保法律法规得到有效执行。同时，供销社自身也需要不断深化改革，提高管理效率和服务质量，以适应市场经济的发展需求。

（二）体制机制僵化，活力亟待释放

全国供销合作社在改革发展过程中，体制机制的僵化是一个亟待解决的重大问题。尽管综合改革试点省份在组织体制机制建设方面取得了一定成效，但从服务乡村振兴的角度来看，供销合作社的整体表现仍有待提升。供销合作社组织体系尚未形成上下贯通、高效运行的体制机制，体制机制改革缺乏突破，导致其独特优势和作用未能充分发挥。

1. 社企不分，多头管理

供销合作社普遍存在的社企不分、多头管理现象，导致职能定位的不清晰和工作效率的低下。社有企业在承担政府职能服务"三农"的同时，还需作为自主经营的实体追求经济效益，这种双重角色使得资源配置和决策过程变得复杂。行政化的管理思维和手段限制了企业的市场响应速度和创新能力，而管理层级的繁多和权责不清进一步加剧了这一问题。层层汇报和审批制度不仅拖慢了改革步伐，也抑制了基层供销社和员工的积极性与创造力，使得供销社在快速变化的市场中难以灵活应对，影响了其服务"三农"的能力和市场竞争力。

1. 传统管理模式缺乏市场化灵活性

供销合作社的经营机制在市场化运作方面确实存在一些不足，这与其传统的、带有行政色彩的管理模式密切相关。这种管理模式在决策过程中往往缺乏对市场的深入了解和科学的分析论证，导致决策不够精准，容易受到个人意志的影响，增加了决策失误的风险。由于行政化的管理，社有资产的监管存在漏洞，责任主体不明确，导致在人事更迭时出现"人走茶凉"的现象，使得一些项目难以持续运营或长期处于亏损状态，社有资产在投资过程中出现流失。在当前农业发展方式快速转变和产业结构不断优化升级的大背景下，供销合作社的传统经营方式和业态已经难以满足市场经济的发展需求。老旧的经营模式，如依赖租金收入和守摊子等，已不适应现代市场经济发展的要求。一些社有企业面临产能过剩、业态落后、市场竞争能力不足等问题，亟须转型升级。

随着国家供给侧结构性改革的深入推进，对企业提出了更高的要求，这不仅是一种挑战，也是转型升级的机遇。供销合作社需要通过深化改革，调整经营结构，创新经营模式，提高管理水平，增强市场竞争力。这包括加强市场调研，科学制定发展战略；优化资源配置，提高资产运营效率；加强内部管理，明确责任主体；推动技术创新，提高产品和服务质量；拓宽市场渠道，增强市场适应能力等。此外，供销合作社还需要加强与政府、金融机构、科研机构等的合作，充分利用政策支持和社会资源，推动社有企业的转型升级。通过这些措施，供销合作社可以更好地适应市场经济的发展，实现社有资产的保值增值，为农业和农村经济发展做出更大的贡献。

（三）基层社服务能力弱，强化刻不容缓

1. 人才与经营动力不足

随着城镇化的推进，许多有能力和有远见的人才选择离开农村，投身城市经商活动，这导致基层供销社面临严重的人才流失问题。这种流失不仅限于数量上的减少，更关键的是高素质人才的缺失，这直接影响了农村集体经济的发展和壮大。目前，基层供销社的员工普遍年龄较大，缺乏现代农业技术和市场营销的相关知识。这种人才结构的老化和技能不匹配，使得供销社难以有效理解和运用新技术、新市场信息，应对市场的快速变化和竞争压力显得力不从心。

基层供销社的经营模式较为单一，收入分配机制不透明，以及组织和服务体系的不完善，这些因素相互交织，共同导致了职工经营动力的不足。基层供销社的业务主要集中在传统的日用品和农资销售上，缺乏对市场需求变化的敏感性和创新服务的能力，这限制了其发展潜力和市场竞争力。不明确的收入分配机制进一步削弱了职工的工作激励，当职工感觉到自己的收入与工作表现不成正比时，他们的动力会大大降低，不愿意主动提高工作效率和服务质量。此外，组织和服务体系的不完善也影响了职工的归属感和积极性，一个健全的服务体系能够确保职工在服务过程中得到必要的支持和认可，如果这些体系存在缺陷，职工难以看到自己的工作如何与组织的整体目标相结合，也难以感受到自己的努力对组织有所贡献。

2. 服务功能与业务创新滞后

基层供销社的服务功能与业务创新滞后，与农民的利益联系逐渐减弱。尽管作为为农服务的经济组织，供销合作社和社有企业应当以服务农民的宗旨为核心，然而一些机构在追求资产规模和利润时往往忽视了这一宗旨，他们在吸纳社会资本的过程中，未能充分考虑农民及合作社资金的参与，导致了与农民利益的脱节。此外，基层供销社的组织结构不健全，一些地区甚至未能建立县级社，基层社数量相较于高峰期已减少，导致很多地区的供销社服务能力不足，部分地区甚至呈现出网络空白的状态。以长沙市供销合作社系统为例，基层组织的薄弱令大多数乡镇基层社已经消失，仅剩下7个基层社。在业务创新方面，基层供销社缺乏足够的动力和能力，导致经营业务逐渐衰退，企业收入微薄。这种滞后不仅影响了其为农服务的效果，也妨碍了其转型升级的步伐。

3. 资产管理与市场定位缺失

基层供销社面临着资产管理与市场定位的双重挑战。在资产管理方面，监管不到位、制度不完善等问题导致资产流失风险增加，使得资产保值增值变得困难。同时，缺乏对社有企业经营和财务状况的有效监管，内部管理缺失，进一步加剧了资产管理的困境。在市场定位上，供销社缺乏准确的市场分析和策略制定能力，难以把握市场需求和竞争态势，导致业务拓展受阻，盈利能力受到影响。这些问题的存在不仅威胁着供销社的经营效益，也影响了其在市场竞争中的地位和形象。

4. 组织体系与政策环境需优化

基层供销社作为服务"三农"的关键机构，其组织体系与政策环境的优化至关重要。在组织体系方面，需要加强民主管理和监督机制，培养引进多方面人才，并建立有效的内部激励机制，以提升服务功能和业务创新能力。同时，政策环境的支持也至关重要，国家应当向基层社倾斜扶持政策，提供必要的资金支持和信息服务，鼓励基层供销社与各方建立合作机制，共同推动农村经济发展。综合来看，通过组织体系与政策环境的优化，基层供销社可以更好地适应市场需求，实现服务创新与业务发展的目标。

（四）信息建设滞后，数字转型提速

在数字化浪潮的推动下，供销社作为连接农民与市场的桥梁，其信息化建设显得尤为重要。然而，当前全国的供销合作社普遍面临信息化建设滞后的问题，这不仅限制了其服务能力的提升，也削弱了其在激烈市场竞争中的地位。一是信息化基础设施不足，许多供销社的信息系统建设投入不足，导致信息化基础设施薄弱。这种基础设施的不足，使得供销社在日常运营和管理中难以有效处理和分析数据，无法充分利用信息技术来优化业务流程和提高服务效率，其中具体表现为多方面的不足和缺陷。首先是硬件设备的不足和陈旧，许多供销社的计算机、服务器等硬件设备已经使用多年，性能较低，无法满足日益增长的信息处理需求。其次是软件系统的滞后和不完善，许多供销社的信息系统仍停留在传统的管理软件阶段，缺乏功能强大、智能化的信息化系统，无法满足现代化管理的需求。二是数据处理能力弱，供销社在数据采集、处理和分析方面的能力有限，难以有效利用大数据、云计算等现代信息技术手段。这种技术应用的不足，主要体现在几个方面。首先，供销社缺乏高效的数据采集和存储系统，导致数据来源不稳定、数据质量参差不齐，难以建立起完整、准确的数据资料库。其次，数据处理和分析的手段相对单一，供销社缺乏先进的数据挖掘、机器学习等技术，无法对海量数据进行深度挖掘和分析，无法及时发现潜在的市场趋势和客户需求。此外，供销社在数据安全和隐私保护方面的措施不够完善，缺乏有效的数据加密、权限管理等机制，存在数据泄露和滥用的风险。综合来看，数据处理能力的弱化限制了供销社在信息化管理和智能化决策方面的发展，阻碍了其服务水平和竞争力的提高。三是信息化人才短缺，信息化人才的缺乏是制约供销社信息化进程的一个重要因素。许多供销社缺乏具备信息技术知识和能力的专业人才，这直接影响了信息化项目的实施效率和效果，也阻碍了信息技术在供销社业务中的深入应用。四是发展规划和目标不明确，部分供销社对信息化建设的重视程度不够，缺乏明确的信息化发展规划和目标。这种缺乏前瞻性的规

划，使得信息化建设缺乏方向和动力，难以形成有效的信息化推进机制。具体而言，一方面，部分供销社缺乏对信息化发展的深刻认识，对信息技术的应用和发展前景认识不足，因此缺乏对信息化建设的紧迫性和重要性的认识，导致在信息化投入和人才培养方面投入不足。另一方面，即使有一定的信息化建设投入，由于缺乏明确的发展规划和目标，往往是盲目跟风或片面追求应用新技术，而缺乏系统性和整体性的规划，导致信息化系统之间缺乏协同和整合，存在冗余和重复建设的现象。

三、加快全国供销合作社改革发展的对策建议

（一）继续深入推进农村集体产权制度改革

产权改革方面。加强产权界定和归属确认，建立健全产权制度，明确社有资产的所有权归属和管理权限，消除产权纠纷和不确定性。制定和完善相关法律法规，明确供销合作社资产的所有权和管理权，强化产权保护，确保农民群众合法权益。推动供销合作社资产产权证明和登记工作，建立健全资产管理制度，加强对资产的监管和保护，提高资产管理效率和运营效益。

属地化管理和地方保护主义方面。加强政策宣传和解释，引导地方政府正确理解和执行中央政策，避免地方保护主义对供销社的不利影响。加强跨地区合作和资源共享，推动供销合作社之间的合作发展，形成良好的竞争格局和资源配置机制。加强监督和执法力度，严厉打击地方保护主义行为，维护市场秩序和公平竞争环境。

政策支持方面。加大对供销合作社改革发展的财政和税收支持力度，提供资金和税收优惠政策，降低其经营成本和负担。加强对供销合作社的政策倾斜和扶持力度，推动其在市场准入、土地使用、金融服务等方面享有更多政策优惠和便利。

（二）加快完善供销社体制机制

针对供销合作社存在的体制机制僵化问题，提出以下政策建议。首先，应该明确社企分开，强化职能定位。政府应推动社有企业的市场化改革，将其作为独立的经济主体，明确经营目标和责任，减少行政干预，提高企业自主经营的灵活性和市场竞争力。其次，需要改革管理体制，减少层级，简化审批流程，强化内部监督和

激励机制，激发基层供销社和员工的创造力和积极性。再次，应加强市场化管理和运营，引入市场机制，加强市场调研，科学制定发展战略，提高经营效率和市场竞争力。最后，政府应加大对供销合作社改革发展的政策支持力度，提供资金和税收优惠政策，推动技术创新，提高产品和服务质量，拓宽市场渠道，增强市场适应能力。通过这些政策措施，可以促进供销合作社体制机制的改革，释放其活力，推动其更好地适应市场经济的发展需求。

（三）提升基层供销合作社综合服务能力

一是引进和培养高素质人才。为了解决人才流失问题，应实施人才回流政策，鼓励在外务工的高素质人才回乡创业或就业。政府可以制定优惠政策，如提供住房补贴、创业资金支持等，吸引更多人才回到农村发展。对于人才回流政策，不仅要提供物质上的优惠政策，还应该注重提供良好的发展环境和广阔的发展空间，为人才的创新创业提供更多支持和保障。同时，需要加强职业培训，与农业院校和培训机构合作，定期为供销社员工提供现代农业技术、市场营销等方面的培训，提高员工的专业素质和业务能力。另外，建立健全绩效考核制度不仅可以激发员工的工作积极性，还可以加强内部管理，提高供销社的整体运营效率。通过这些措施的综合实施，供销社可以有效解决基层供销社服务能力弱的问题，促进农村经济的发展和农民收入的增加。

二是优化经营模式。实施多元化经营策略，扩展供销社的业务范围，增加农产品加工、农业观光旅游等新业务。通过多元化经营，供销社可以降低单一业务带来的风险，拓宽收入来源，提升整体经营实力和市场竞争力。此外，还需要增强市场敏感性，建立市场信息收集和分析机制，及时掌握市场需求变化，灵活调整经营策略。通过对市场的深入了解和准确预判，供销社可以及时调整产品结构、拓宽市场渠道，满足消费者的需求，提高市场反应速度和市场占有率。

三是提升服务功能与业务创新能力。为提升供销社的服务功能与业务创新能力，首先应强化为农服务宗旨。建立农民合作社成员参与机制，确保农民在决策过程中发挥作用，从而保障供销社的发展与农民利益紧密结合。在吸纳社会资本时，应提高透明度，充分考虑农民及合作社资金的参与，确保农民利益不受损害。其次，推进业务创新，设立专项基金以支持创新项目，鼓励员工提出创意方案，推广信息化管理系统和电子商务平台，提高业务管理效率和服务质量。此外，应加强资产管理与市场定位，建立健全资产监管机制，确保资产使用的透明度和合法性，定期进行财务审计，保障财务管理的规范性。通过加强市场调研，准确把握市场需求和竞争态势，制定科学的市场定位和发展策略，提升供销社品牌形象，树立良好的市场声誉，增强市场竞争力。

（四）促进供销合作社数字化转型

为有效提升供销合作社的信息化基础设施和数据处理能力，关键在于全面加强硬件和软件资源的投入与更新。首先，需要为供销合作社配备最新的计算机、服务器和网络设备，特别是在偏远农村地区，应改善和扩展网络覆盖和连接能力，确保信息传输的稳定性和速度。此外，提升软件系统至关重要，应采用功能强大、智能化的管理软件，根据供销合作社的具体需求开发定制化的信息系统，以增强系统的适用性和实用性。数据处理能力的提升也是提高信息化水平的关键。构建统一的数据库和数据平台是基础，引入云计算技术可以实现数据的集中存储和管理，提高数据处理的效率和灵活性。通过引入大数据分析工具，供销合作社可以对采集的数据进行深度挖掘和分析，以识别市场趋势和客户需求。同时，发展智能化决策支持系统，利用机器学习和人工智能技术，可以大幅提升科学决策的能力。

其次，在人才方面，培养和引进信息化人才是提高供销合作社信息化水平的另一核心策略。应加强对现有员工的信息技术培训，并与高校及职业培训机构合作，培养具有现代信息技术知识的专业人才。同时，制定吸引外部信息化人才的政策，提供有竞争力的薪酬和福利待遇，搭建人才发展平台，为信息化人才提供职业发展通道和晋升机会，激励其长期服务于供销合作社。

最后，制订明确的信息化发展规划和目标是确保信息化建设有序进行的基础。供销合作社应加强领导层对信息化建设重要性的认识，增强其对信息化发展的紧迫感和责任感。通过系统性和整体性的规划，避免盲目跟风和重复建设，确保各个信息化系统之间的协同和整合。建立信息化推进工作组，负责协调和监督信息化建设的各个环节，确保信息化项目的有效实施。

通过这些措施，供销合作社不仅可以提升其服务农民的能力，还能增强市场竞争力，实现更高效的管理和更智能化的决策，从而推动供销合作社的可持续发展。

第三部分　2024 年中国农村信用社发展研究报告

我国实现乡村振兴、全面现代化和共同富裕，农村是短板。金融是经济的"血脉"，农村社会经济发展离不开金融的支持。作为农村金融市场的重要力量，农村信用社改革、发展的成败，对我国"三农"问题的解决、农业农村现代化及乡村振兴战略、共同富裕目标的实现，具有重要的影响。

一、农村信用社合作制的曲折历程

新中国成立后，为尽快把农民和农村经济引向社会主义道路，中央政府在农村推行合作化运动。1951 年第一家农村信用合作社成立后，农村信用合作化运动发展迅速，1953 年年底，全国合作金融组织达到 20067 个，成为农村金融的主力军，对打击农村高利贷，改造小农经济作出了重要贡献。然而，由于管理经验等方面的不足，农村信用合作社发展历经磨难，其管理主体从专业银行到央行，再到地方政府，其组织性质由合作制转变为商业化。历经 70 多年风雨，农村信用社至今依然是农村地区的重要金融机构，其发展历程见表 3-1。

表 3-1：农村信用合作社发展历史沿革

时间	主要事件	按产权和经营制度划分的发展阶段	
1951.3	农村信用社正式成立	创立阶段	创立发展阶段
1956	全国 97%以上的乡都建立了信用合作社		
1958	将农信社下放给人民公社管理	探索阶段——"几放几收"	
1959	收回了下放给人民公社的管理权，下放给生产大队		
1962	农信社领导权从生产大队收回，由中国人民银行进行垂直领导	"官办化"阶段	
1977	将农信社定义为国家银行在农村的基层机构		
1979	将农信社划归农行代管		
1984	农信社入股组建县联社		
1996	农信社与农行正式脱钩	"民办化"试点阶段	市场化阶段
2000.7	江苏省信用社改革试点，挂牌成立了我国首批试点农商行		
2003.6	八省市对农信社进行市场化改革试点	县联社阶段	
2003	县联社和乡镇信用社的两级法人改组成县级统一法人社，同时出资成立省联社，对农信社进行管理		
2003.8	提出了农商行、农合行、省联社成为农信社改革的三种主要模式，同时重点鼓励农信社改制成股份制银行		
2004.8	农信社改革试点扩大到 29 个省		
2005.8	上海农商行成立（第一家省级农商行）		
2007.8	全国省联社建立完成		
2010	银监会提出，现有农村合作银行要全部改制为农村商业银行，鼓励农信社改制农商行	农商行阶段	
2010.12	重庆农商行赴港成功上市		
2012	省联社改革开始		
2016	江阴、常熟、吴江、无锡农商行陆续在 A 股上市		
2023.12	共 13 家农商行上市，其中 10 家在 A 股上市，2 家 H 股上市，1 家 A+H 股上市		

二、县级农村信用社改革进展

（一）县级农信社改革背景及政策

1. 改革背景

20 世纪 90 年代，国有专业银行在商业化改革后纷纷撤回县域分支机构，农信社成为服务"三农"的主力军，但因历史包袱沉重，经营机制和内控制度不健全及监管不到位等方面原因，大部分农信社已资不抵债。2002 年，全国农信社不良贷款余额为 5147 亿元，不良率为 36.93%，历年亏损挂账 1308 亿元，资本充足率为－8.45%，基本生存难以维持，改革势在必行。

2. 央行多元化改革方案

2000 年 8 月，由中国人民银行批准，江苏省率先开展了农信社改革试点工作。2003 年，国务院印发《深化农村信用社改革试点方案》，将改革试点逐步扩大到吉林、山东、江西、浙江、江苏、陕西、贵州、重庆等 8 省（直辖市），要求"把信用社逐步办成由农民、农村工商户和各类经济组织入股，为农民、农业和农村经济发展服务的社区性地方金融机构。"明确农村信用社可自主选择股份制①、股份合作制②、合作制③三种产权制度和农村商业银行④、农村合作银行⑤、县（市）统一法人和县、乡两级法人农村信用社四种组织形式。自此，农村信用合作社的官方名称中去掉了"合作"二字，意味着这次改革，国家不再按照合作金融原则重新规范发展农村信用社，标志着农村信用合作社性质的改变。2004 年 6 月，国务院再次下发通知，决定进一步扩展试点范围至除海南和西藏外的 21 个省（自治区、直辖市）。

---

①　股份制以追求利润最大化为目标，不按人数投票，而实行按股投票的表决方式，股份制银行的设立要按照《中华人民共和国公司法》的有关规定执行。我国农村信用社产权问题一直是一个模糊、不规范和难以解决的问题，通过农村信用社进行股份制改造，可以明晰产权关系，解决所有者缺位问题，避免经营中的非市场化行为。

②　股份合作制兼顾了股份制与合作制的特点，既可以按照股份制要求，进行市场化经营，追求利润最大化，也可以充分考虑成员的利益，为农村信用社的成员优先提供金融服务。但是从操作层面看，股份制与合作制本身就是两种不同的产权制度模式，将两种制度结合后，市场化经营方向与非市场化的服务需求便成为难以调和的矛盾和问题，所以股份合作制具有天然的内部不稳定性，在操作中存在一定的问题隐患。

③　合作制不追求利润最大化，以服务最大化为目标，管理上充分体现民主性，实行一人一票的表决方式，合作制银行主要是通过自然人、企业法人共同出资，按照相关合同约定发起设立，合作社成员可获得优于其他客户的服务。合作制充分考虑了成员的基本权益，但在一定程度上影响了农村信用社的生存与发展，不以营利为目的的经营活动违背了市场经济规律，不利于农村信用社的持续健康发展。

④　农村商业银行是指在农村信用社资本规模、法人治理结构等条件完全达到《中华人民共和国商业银行法》规定的最低要求，而将其改组、联合成主要服务于农村社区的统一法人机构银行。属于"高度集中统一的经营管理的企业法人"形式。

⑤　农村合作银行是指在农村信用社资本规模、法人治理结构等条件基本或不完全达到《商业银行法》规定的最低要求，而将其改组、联合成主要服务于农村社区的带有合作性质的股份制银行。属于"相对集中经营管理的企业法人"形式。

2003年启动的新一轮农信社改革配套了"花钱买机制"的资金扶持方案：农信社历年亏损和资产损失由中央和地方共同分担。国家综合运用财政、税收、资金支持政策，帮助农村信用社消化历史包袱，不惜重金买机制。央行出资1687亿元票据资金，用于置换农信社不良资产和历史亏损挂账，国家财政对1994—1997年保值贴补息予以返还补贴，西部地区试点社的企业所得税暂免，其他地区减半征收，允许农村信用社在基准利率的0.9～2.3倍范围内对贷款利率进行调整。

3. 银监会商业化改革方案

由于实践中采取合作制、股份合作制产权制度的农村信用社，事实上已经偏离了合作金融的目标而趋于商业化经营。2011年，银监会提出了将全国农村信用社逐步改制为农村商业银行的目标，明确其性质从合作制改为商业性，但其服务"三农"的定位，农村金融主力军的地位没有改变。2014年，银监会发布《关于鼓励和引导民间资本参与农村信用社产权改革工作的通知》，引导民间资本对农村信用社实施并购重组。在这些政策推动下，各地通过股份制将农信社改制为农商行。

4. 改革指导原则演变

县域法人数量稳定原则。2006年，时任央行行长助理易纲正式提出"保持县域法人地位总体稳定"的改革原则，该原则在2008年首次写入中央一号文件，2018年又升级为"保持县域法人地位和数量总体稳定"，该原则在中央一号文件、全国金融工作会议等重要文件、会议中被频频提及，成为农信社改革的"首要原则"。

商业可持续原则。2022年1月4日，《中共中央 国务院关于做好2022年全面推进乡村振兴重点工作的意见》提出"加快农村信用社改革，完善省（自治区）农村信用社联合社治理机制，稳妥化解风险。"为深入贯彻中央经济工作会议、中央农村工作会议精神，认真落实《中共中央 国务院关于做好2022年全面推进乡村振兴重点工作的意见》工作部署，2022年3月30日，中国人民银行印发《关于做好2022年金融支持全面推进乡村振兴重点工作的意见》，针对农信社改革化险，文件提出"保持商业可持续的县域法人地位长期总体稳定。"至此，"县域法人数量稳定"这条农信社改革坚守了16年的重大原则，首次出现重要变化。"数量稳定"不再提及，"保持商业可持续"成为重要的前提条件。

化解风险原则。2021 年、2022 年的中央一号文件分别提出"风险化解"和"稳妥化解风险"，2023 年 1 月 2 日，《中共中央　国务院关于做好 2023 年全面推进乡村振兴重点工作的意见》即 2023 年中央一号文件提出加快农村信用社改革化险，2023 年 1 月 13 日，银保监会召开 2023 年工作会议，明确要求加快推动中小银行改革化险，积极稳妥推进城商行、农信社风险化解。2023 年 4 月 6 日，银保监会发布《关于银行业保险业做好 2023 年全面推进乡村振兴重点工作的通知》，提出强化农村金融服务能力建设，健全农村金融服务体系。加快农村信用社改革化险，推动村镇银行结构性重组，农村中小银行机构要专注贷款主业、专注服务当地、专注支农支小。2024 年 2 月 2 日，《中共中央　国务院关于学习运用"千村示范、万村整治"工程经验有力有效推进乡村全面振兴的意见》即 2024 年中央一号文件提出分省分类推进农村信用社改革化险。以上文件表明，化解风险是当前农信社改革的主要原则。

中央政府和金融监管部门根据农信社改革中出现的问题作出的改革指导原则和政策调整，为农信社改革指明方向，对农信社实现商业可持续和服务"三农"等目标具有重要意义。

（二）县级农信社改革进展

1. 产权改革进展迅速

截至 2023 年 12 月末，全国 34 个省、自治区、直辖市、特区中，西藏没有农村信用社，港、澳、台没有数据，北京、上海、天津、重庆 4 个直辖市农信社全部转为农商行，其余 26 省、自治区中，江苏、安徽、江西、湖北、湖南、广东、青海、宁夏、四川、辽宁等 10 省、自治区的县级农信社已经全部转为农商行，其余 16 省、自治区正加快推进县级农信联社改革（其中浙江、山东各 1 家县联社尚存）（见图 3—1）。

农村信用合作社改制而来的农村合作金融机构法人数量达 2129 家，其中，农村商业银行 1607 家，农村合作银行 23 家，农村信用社 499 家（包括 21 家省联社，1 家省级结算中心，2 家地市级联社，475 家区县级联社）[①]，农合机构法人数量在全国银行业金融机构中占比 47.7％。在服务"三农"、实现农村共同富裕、乡村振兴、普惠金融、区域协调发展等重大战略的实施中发挥了重要作用。

从县级机构法人数量看，农村信用社县级法人机构数量从改革初的 2004 年的 32869 家，下降到了 2022 年年末的 548 家，降幅达到 98％（见图 3—2）。农村商业银行法人机构数量从 2004 年的 7 家，增加到了 2022 年年末的 1606 家，增长幅度超过 228 倍。2004 年年末农村合作银行法人机构数量是 12 家，2022 年年底为 23 家（见图 3—3）。总体上看，我国的农信社县级法人机构数量骤减，农村商业银行法人机构数量剧增，说明经过 20 年的改革，清理、整顿、关闭、合并、转制了不少农信社和农合行，使其法人机构总数大幅下降；也说明农信社系统在产权制度和组织形式上"去合作化"、向"商业化"转型趋势已经形成。

尚未达到《中华人民共和国商业银行法》规定的最低要求的农信社，随着产权改革的推进，其组织结构逐步建立健全，"三会"组织架构确立，法人治理能力得以改善。

---

① 中国银保监会 2023 年 3 月 21 日发布：银行业金融机构法人名单（截至 2022 年 12 月末）http://www.cbirc.gov.cn/branch/view/pages/common/ItemDetail.html? docId=1100762&itemId=863 注释：据 2023 年 3 月发布的《党和国家机构改革方案》，2023 年 5 月 18 日，中国银保监会官网更名为"国家金融监督管理总局"。

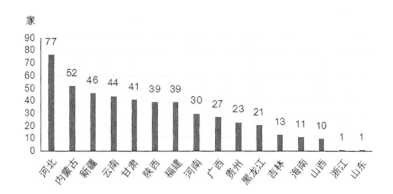

图 3-1 截至 2023 年 12 月末 16 省（自治区）农村信用社区县级法人机构数量

（数据来源：据国家金融监管总局网站发布的数据整理）

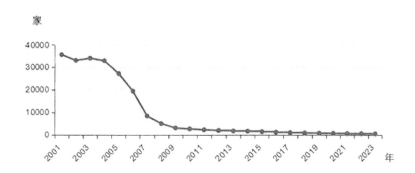

图 3-2 2001—2023 年农村信用社县级法人机构数量变化

（数据来源：银保监会网站，中国人民银行货币政策司，中国金融年鉴，银监会年报）

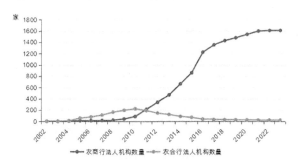

图 3-3 2002—2023 年农村合作银行和农村商业银行法人机构数量变化

（数据来源：金融监管总局网站，中国人民银行货币政策司，中国金融年鉴，银监会年报）

2. 可持续发展能力显著提升

农信社的不良贷款率显著降低：我国农村信用社改革之前，不良贷款率很高，2002 年，其不良贷款率高达 36.9％。经过 2003 年开始的农信社改革，其不良贷款率迅速下降（见图 3－4）。到 2023 年年末，农信社的不良贷款率大幅下降 30 多个百分点，农商行不良贷款率为 3.34％，较改革初期降幅明显。农信社不良贷款率的下降表明了我国农信社的经营管理水平逐步提高，可持续发展能力进一步增强，资金实力显著增强，支农服务实力明显提高。但与同期农商行和整个商业银行不良贷款率相比，农信社不良贷款率依然偏高，说明农信社经营管理能力还有一定的提高空间。

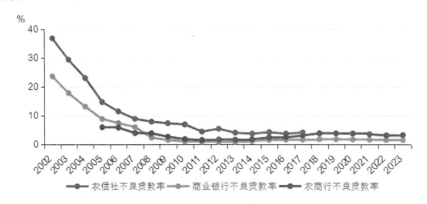

图 3－4 2002—2023 年农信社、农商行和商业银行不良贷款率
（数据来源：金融监管总局、中国人民银行 2002－2023 年第四季度中国货币政策执行报告）

农信社资本充足率明显提高：资本充足率是保证银行等金融机构正常运营和发展所必需的资本比率，是衡量一个金融企业资本实力的综合指标，也是衡量该金融机构的风险抵御能力及实行风险管理的核心所在。2003 年改革以前，农信社的资本充足率连续多年为负值，2003 年农信社改革以来，其资本充足率逐步由负值转变为正值（见图 3－5），较改革前大有提升，较高的资本充足率一方面反映了农信社管理体制的改善，管理能力的提高，资金使用效率显著提高，可持续发展能力的增强；另一方面也反映了农信社的经营稳健的程度逐步提高，对存款人和债权人的资产保障能力增强。但是，与商业银行资本充足率相比，农信社的资本充足率较低，说明其经营的稳健程度低于商业银行。

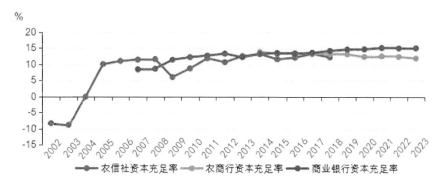

图 3 - 5　2002 - 2023 年农信社、农商行、商业银行资本充足率

（数据来源：中国金融年鉴，银保监会，金融监管总局）

（三）县级农信联社改革存在的问题

改革后的农村信用社在产权改革、服务"三农"、可持续发展能力等方面都显著提高，农村信用社按照现代金融企业制度的要求，逐步完善"三会"议事规则，初步形成了决策、执行、监督相互制衡的法人治理体系。然而实际运行中还存在很多问题：产权制度改革缺乏实际内容，没有实质改变；法人治理结构未发生根本变化，内部人控制依然严重；一些改革的成效是表面性的，缺乏实际价值。需要持续完善内部治理，优化业务管理流程，提升经营能力与风控能力。

1. 产权与治理问题

省级联社与县级联社的产权与治理关系：2003 年改革试点方案中将农村信用社交给地方政府管理，省级政府不直接管理农村信用社，而是委托给省级联社代为行使经营管理职能，省联社由县联社共同出资组成，理应由县联社（出资人）决定省联社的重大事项，但是按照改革文件要求，省级政府依然要对农村信用社各项活动负管理责任，对辖内农村信用社经营风险和潜在风险也要承担无限连带责任，这一方面使得农村信用社希望地方政府对一切不良贷款负责，道德风险由此产生；另一方面大多数省政府沿袭以往自上而下的制度供给路径，通过省联社强化了对农信社的管控，不同程度地掌握了辖区农村信用社高级管理人员的人事权。基层政府部门也有机会参与地区农村金融资源配置，干预农村信用社自主经营，造成省级联社和县级行社之间"股权与控制权的反向配置"关系，这与市场经济条件下股权与控制权的配置状态是不一致的。农信社在省联社领导下，缺乏独立的高管任命权利，因此由高管制定的经营策略中体现出明显的地方政府意志，非市场化经营风险凸显。

县级联社内部产权与治理关系：按照合作制原则，农信社的社员大会是社员行使民主管理权利的场所，也是"三会"中的最高权力机构。然而，农信社作为合作金融组织，由社员出资入股组成，股东数量众多，股权结构分散，社员（股东）大会对理事会和管理人员的控制很弱，社员大会依然形同虚设，职责难以有效发挥，是当前农村信用社中最无责无权的机构，股东参与意愿低，控制权缺失。理事会容易被内部人控制，监事会大多流于形式，农村信用社法人治理结构难以有效运行，"三会"治理结构依然"形似而神不似"。

2. 风险控制问题

农村信用社改革后，虽然其不良贷款率大幅下降，盈利能力显著提高，可持续发展能力显著增强，由于业务运营的体制机制、周期性和结构性等多种原因，同时受限于自身规模小、融资渠道相对窄、服务区域和主体范围小，不良资产处置渠道少、难度大，经营能力较弱，农村信用社面临的风险与商业银行相比依然较大。

据2019年以来央行发布的金融机构评级①，8～10级和D级的高风险金融机构主要集中在农村中小金融机构。农合机构（农商行、农信社、农合行）风险最高，2019年高风险机构资产占本类型机构总资产分别为3.05%、1.83%、0.14%；2020年高风险机构资产占本类型机构的8%；2021年高风险机构资产占本类型机构的5%。2022年高风险资产规模占参评机构的0.78%，绝大多数省份存量风险已压降，福建、贵州、江苏等10个省区市辖内无高风险银行，13个省区市辖内高风险银行维持在个位数水平。这些数据表明改革后的农信社和农商行、农合行资产风险依然很大，可持续发展能力还有待提高。

农信社是地方性金融机构，使得农信社不能跨地域分散风险，受制于当地经济发展状况和产业结构。受国内国际环境等因素影响，一些地区县域经济增速放缓，区域内产能过剩；农信社主要服务对象是"三农"，农民是弱势群体，农业是弱质产业，农村金融生态环境较差，包括农村较为落后的信用信息环境，农民较低的金

---

① 央行评级每季度开展一次。评级等级划分为11级，分别为1～10级和D级，级别数值越大，表示机构风险越高，D级表示机构已倒闭、被接管或撤销，评级结果为8～10级和D级的机构被列为高风险机构。

融意识和风险意识等；农信社法人规模比较小，历史负担比较重，抗风险能力差，经营比较粗放，贷款机制不健全。以上因素导致农信社金融风险偏高，风险控制能力偏弱。因此需要通过进一步推进农信社改革，逐渐化解其面临的风险，避免其风险扩散蔓延为区域性、系统性金融风险。

3. 支农与发展问题

"三农"资金需求特点是投资规模较小、成本较高、盈利能力较差、资金回收周期较长，商业银行为"三农"提供金融支持的动力不足。因此，农村信用社等农村金融机构在政策引导下，承担起支持农业发展的政策性任务，而农信社在转化为商业银行目标驱动下，其盈利动机更强。在监管要求上，与其他商业银行具有相同的盈利性、流动性和安全性标准，只在程度上有差异，这三性是自主经营的保证，用以谋求经济利益。

支农重任是国家制度性强加给农信社，并对支农业务作了比较具体的规定。农信社由此具有政策性业务和商业性业务交叉的特殊属性。在这种双重属性下，在现有条件下，农信社既要避免风险，又要支持农村经济和县域经济发展，在现行制度安排下是一个两难问题，难以实现市场化的商业运营，导致其成本收益不匹配，信贷风险防控机制难以落实，影响了农村信用社股本的募集和股权调节，即使在商业化改制中仍缺乏有效的市场化竞争能力，经营能力与承担责任不相称的矛盾凸显，造成农信社信贷支农政策目标和可持续发展效益目标的冲突。由于政府对农信社支农无法提供足够的保障和补偿，结果政策性支农往往损伤了农信社的经济利益，农信社产生逃避或转嫁支农风险的自保动机，损害了支农的成效。

4. 市场竞争问题

农村金融机构种类较多。2006 年中央决策部门降低了农村金融机构准入门槛，批准设立新型农村金融机构，近年国家监管部门因风险暴露问题已经不再新批农村新型金融机构，截至 2023 年 12 月末，新型农村金融机构中，村镇银行 1636 家，贷款公司 1 家，民营银行 19 家，农村资金互助社 30 家，[①] 一些农民专业合作社的金融互助业务依然存在，国家鼓励大型金融机构业务下沉，开放式竞争格局的农村金融市场初步确立。

---

① 数据来源：2024 年 5 月 7 日，金融监管局网站发布银行业金融机构法人名单（截至 2023 年 12 月末）。

金融科技快速变化。随着计算机应用技术和移动通信技术的不断发展，互联网金融异军突起，在快速蚕食传统金融的市场。2024 年 3 月，中国互联网络信息中心（CNNIC）发布的报告显示，截至 2023 年 12 月，我国农村网民规模为 3.26 亿，较 2022 年 12 月增长了 2400 万，占网民整体的 29.8%。① 从农村地区的支付交易笔数看，银行业金融机构和第三方支付机构的网络支付业务都呈现快速增长态势。随着农村互联网的普及，农村网民人数的增长，互联网金融对农村信用社在资金、客户、业务、利润等各领域的分流和蚕食效应将逐步显现。农信机构观念、技术、人才等存在短板，部分农信社难以适应。

三、省联社改革进展

在上一轮改革中，随着农信社产权改革的不断推进，农信合机构已经极大提高了经营能力，但随着自身的发展以及外部环境的变化，农信合机构风险问题凸显，省联社管理体制弊端越发突出。农村信用社改革进程由此进入第二阶段，省联社改革成为重点。

（一）省联社的由来

2000 年前后，农信社大多资不抵债。2001 年 9 月 19 日，经国务院同意，全国农信系统第一家省级联社——江苏省农村信用社联合社挂牌成立，省联社模式诞生。作为先行试点省份，迈出全国农信社改革第一步，其在产权关系与管理体制的改革实践证明，以省为单位，"省级联社＋县市联社（农商行）"两级法人体制和股份制改革方向的可行性。

2003 年 6 月，《国务院关于印发深化农村信用社改革试点方案的通知》（国发〔2003〕15 号）提出深化农村信用社改革要重点解决好信用社产权制度和管理体制问题，将信用社的管理交由地方政府负责。其中，管理体制可选模式包括省级联

---

① 数据来源：2024 年 3 月，互联网络信息中心（CNNIC）发布第 53 次《中国互联网络发展报告》。

社①、信用社协会②、地方金融办③和地方金融监管办④等多种模式。明确了"试点地区可本着精简、高效的原则,简化管理层次,结合当地实际情况,成立省级联社或其他形式的省级管理机构,在省级人民政府领导下,具体承担对辖内信用社的管理、指导、协调和服务职能",也就是主要推荐省级联社模式。

省级联社模式使得地方政府拥有更大的主动权,对其积极推动农信社改革,化解农信社风险具有激励作用;农村合作银行和农村商业银行的成立条件较高,多数农信社达不到要求;信用社协会属于民间半官方性质的自律性组织,难以有效地执行省级政府的各项政策措施,不利于集中信用社的人、财、物,不利于整个信用社改革的顺利推进;地方金融办属于省级政府行政职能部门,不利于省级人民政府遵循政企分开的原则;地方金融监管办模式则要将一些监管职能和权力从中央银行监管部门转移出来,短期内不利于风险控制。地方金融办和地方金融监管办没有资金运用权,不利于集中信用社的人、财、物,且地方政府要对信用社承担更直接的责任。省级联社模式既有利于省政府通过经济、行政等手段控制信用社,又可以避免直接而完全地承担信用社问题。

(二) 省联社模式出现的问题

由于顶层设计的缺陷,省联社存在多重属性,既是省政府对农信社系统的行业管理机构,又是接受银监部门监管的金融企业,还是下级法人单位出资的股权式联合体,导致法理关系模糊,履职边界不清,政府强化监管责任与干预经营管理的矛盾。

---

① **省级联社**是指在各县级农村信用社为独立一级法人的情况下,由各县级农村信用社向上持股而成立的法人机构,其在省级人民政府领导下,具体承担对辖内信用社的管理、指导、协调和服务职能。属于"集中经营管理的企业法人+分散经营的企业法人"形式。

② **信用社协会**主要是指在各信用社均为独立法人的情况下,由信用社自愿组成具有民间或半官方性质的,维护信用社合法权益的行业服务机构。协会不具有经营管理或监管等职能,而只有服务、协调和指导等职能。属于"相对松散的行业自律组织+分散的企业法人"形式。

③ **地方金融办模式**是将若干个具有独立法人资格的信用社置于独立或挂靠于经济综合管理部门的地方金融办下,省级政府对其辖内信用社行使管理、指导、协调和服务等行政职能,而无经营职能,对辖内信用社承担直接责任。属于"相对分散管理的行政部门+分散的企业法人"形式。

④ **地方金融监管办模式**是指成立一个将所有地方性金融机构包括农信社纳入地方政府监管的部门,其标准和机构准入由中央金融监管部门掌控,而地方金融机构风险及损失由地方政府监管及承担。在这种模式下,省级政府对其辖内信用社行使管理、指导、协调和服务等职能,而无经营职能,对辖内信用社要承担更直接和完全的责任。属于"集中监管的行政部门+分散的企业法人"形式。

从产权归属看，农村信用社、农商行是省联社的股东。根据现代公司治理制度，省联社应该接受其股东的管理，由农信社、农商行等股东组成的股东大会，选举产生董事会，通过董事会来任命省联社的高管。但现实中却是农信社、农商行要接受省联社的管理，股权关系与管理关系出现"倒挂"。省联社代表省政府管理农信社，下设了办事处（审计中心）。有的地方将辖内部分农村信用联社、办事处整合，组建了地市级农商行，一套班子两块牌子，既负责农商行的经营管理，又对农商行和其他信用联社进行监管，致使办事处（审计中心）出现了权责不清、管理越位、管理不到位的现象。省联社掌握着农信社员工的录用权、干部的任命权处分权，在一定程度上控制了辖内农信社具体的经营管理活动。农商行是独立的企业法人，客观上要求自主经营、自主管理。农信社、农商行仍然由省联社统一管理，没有真正实现"谁出资，谁管理，出了问题谁负责"的现代公司治理模式。这种股权自下而上，管理自上而下的省联社自身结构设计，与其实际工作需要产生了不可调和的矛盾。随着越来越多的农村信用社改制为农村商业银行，以及部分农村商业银行上市，省联社与农商行、农信社之间的矛盾也在升级和深化。

省联社的权责不对等，也导致其高管职权滥用、权利寻租等问题频发，据全国各纪检监察网站披露的信息统计，仅2024年4月，就有湖北、广东、云南3个省的7名高管因违纪违法被纪委监委纪律审查和监察调查。

省联社实行的管理方式行政色彩较浓，与现代公司治理理念背道而驰，因此，省联社改革的核心是理顺管理体制，在保持农村信用社具有可持续发展能力的县域法人数量总体稳定和坚持服务"三农"的前提下，选择适宜的管理模式。

（三）省联社改革政策演变

2012年7月，银监会出台了《关于规范农村信用社省（自治区）联合社法人治理的指导意见》，提出将省联社职能定为"对社员行的服务、指导、协调和行业管理"，改革焦点是如何实现"淡出行政管理职能，强化服务职能"及健全法人治理结构。

2016年3月十二届全国人大四次会议审查通过的"十三五"规划中关于农信社改革的表述"推进农村信用社改革，增强省级联社服务功能"。

2016—2018年连续三年的中央一号文件先后提出"开展省联社改革试点"，"抓紧研究制订省联社改革方案""推动农村信用社省联社改革"。

2019年1月29日，央行等五部委印发了《关于金融服务乡村振兴的指导意见》，提出要积极探索省联社的改革路径，理顺农信社的管理体制，并对基层农信社和省联社间的关系进行了明确的界定，强调了农信社独立的法人地位、经营的独立性，淡化省联社在人事、财务、业务等方面的行政管理职能，突出专业化服务功能。

2021年7月27日，银保监会召开全系统2021年年中工作座谈会指出，要坚定不移推动金融供给侧结构性改革，围绕建立现代企业制度，"一省一策"探索农信社改革模式，提高省级管理机构的履职能力和水平。

2022年2月，中共中央、国务院发布《关于做好2022年全面推进乡村振兴重点工作的意见》，即2022年中央一号文件，要求加快农村信用社改革，完善省（自治区）农村信用社联合社治理机制，稳妥化解风险。

2022年3月30日，中国人民银行印发《关于做好2022年金融支持全面推进乡村振兴重点工作的意见》，提出"各省、自治区农村信用社联合社要明确职能定位，落实'淡出行政管理'的要求，因地制宜做优做强行业服务功能。"

2023年6月16日，中国人民银行、国家金融监督管理总局、证监会、财政部、农业农村部等五部门联合发布的《关于金融支持全面推进乡村振兴加快建设农业强国的指导意见》明确指出，加快农村信用社改革，推动省联社转换职能，规范履职行为。

2023年10月11日，国务院《关于推进普惠金融高质量发展的实施意见》提出，以转变省联社职责为重点，加快推进农信社改革。

2023年12月22日，中国人民银行发布的《中国金融稳定报告（2023）》提到，金融管理部门将坚决贯彻落实党中央、国务院决策部署，加强与地方党委政府的沟通协作，坚持问题导向与目标导向相结合，"一省一策"加快农信社改革，一体推进深化改革和化解风险，破解制约农信社稳健发展的体制机制困境，促进农信社高质量发展，为乡村振兴提供有力金融支撑。

2024年1月1日，《中共中央、国务院关于学习运用"千村示范、万村整治"工程经验，有力、有效推进乡村全面振兴的意见》即2024年中央一号文件指出，分省分类推进农村信用社改革化险。

2024年1月25日，国家金融监督管理总局副局长肖远企在国新办新闻发布会上表示，目前，"一省一策"的农村信用社改革已经取得了阶段性成效，有的农信社改革方案已经国务院批准，有的正在积极组织实施，有的已经开业运行，阶段性评估都达到了预期目的，效果正在彰显。

（四）省联社改革实践

因各省经济社会发展水平不一，农信体系的发展也存在较大差异，各省联社需根据实际情况，因地制宜选定具体改革路径，甚至多模式混合逐步推进。实践中，省联社改革模式主要有四种：联合银行、金融服务公司、金融持股公司、统一法人。截至 2024 年 6 月，宁夏、陕西、广东、浙江、湖北、河南、辽宁、甘肃、四川、山西、海南、广西等 12 省（自治区）联社已经完成改革或已经确定改革目标外，其他地区改革方案仍在探索中①。从目前明确改革路径的部分省份来看，各省对于组建联合银行②和统一法人的省级农商行③两种模式意愿较高。宁夏、海南、辽宁明确组建统一法人的省级农商行，浙江、河南、甘肃、山西、四川、广西、贵州、湖北、江西已经筹建或将筹建农商联合银行。组建统一法人的省级农行商分为金融持股公司模式和银行控股集团模式两种。各种改革模式的典型案例如下。

1. 宁夏黄河农商银行"金融持股公司"模式

作为"第一个吃螃蟹的人"，早在 2008 年 12 月，作为经国务院同意、银保监会确定的全国首家省级联社改革试点单位，黄河农商银行是在原宁夏回族自治区农村信用社联合社和银川市联社合并的基础上新设成立的股份制商业银行，形成了省级联社自上而下持股县级联社的改制模式，黄河农商银行成为全国首家由省级农村信用联社整体改制而成的银行。

改制后，黄河农村商业银行建立了"股东大会、董事会、监事会和经营层"独立架构的"三会一层"法人治理结构，落实了"决策层、执行层、监督层"相互制衡的管理模式。通过建章立制，进一步厘清各机构股东大会、董（理）事会、监事

---

① 截至 2024 年 1 月末，全国 34 个省、自治区、直辖市、特区中，西藏没有农村信用社，港、澳、台没有数据，北京、上海、天津、重庆 4 个直辖市农信社全部转为农商行，其余 26 省、自治区中，12 省、自治区已经完成改革或已经明确改革目标，其余地区正加快推进省联社改革。

② 农商联合银行模式，是将省联社改制为独立法人的农商联合银行，通过注资控股参股省内的农信机构（河南模式），或者由省内农信机构入股（浙江模式），农商联合银行对省内农信机构进行出资人责任或者进行管理和服务。同时，省内的农信机构继续维持法人地位，开展独立经营。

③ 省级农商行模式，是通过吸收合并或者新设主体，组建省级农商银行，承接原来省内各农信社的全部资产、债权债务、业务和人员，原有的各农信机构法人主体注销，变为省级农商银行的分支机构。

会、经营层职责，规范决策、经营、监督行为，形成董（理）事会主抓战略方向和决策、监事会有效发挥监督作用、经营层专注执行落实的治理机制。黄河农商银行先后向区内19家县市联社（农商行）投资入股，平均持股27.7%，成为各县市联社（农商行）的第一大股东。以投资人身份参与对投资机构的管理，实现了对全区农信机构的联营持股。同时，按照《公司法》的规定派出管理人员担任19家县市联社（农商行）的理（董）事，参与管理，在股东会上行使所持股份的表决权，享受股东的利益，承担股东的义务，由此形成了金融持股的"宁夏模式"。

改制之后的黄河农商银行，在党的领导、资本管理、行业管理等方面都进行了深层次变革：在党的领导方面，黄河农商银行党委对县市机构的党组织和主要负责人实行垂直领导、统一管理；在资本管理方面，黄河农商银行先后向辖区19家县市机构投资入股，以资本为纽带，选派管理人员担任县市机构董（理）事，传导审慎稳健经营理念，履行股东权利和义务；在行业管理方面，黄河农商银行承继原区联社管理、指导、服务、协调的部分职能，为县市联社（农商行）提供人员培训、科技服务、产品支持、资金调剂等，县市联社（农商行）按照市场化原则自主经营、自负盈亏、自我约束、自担风险。

目前，黄河农村商业银行股本总额16亿股，其中，法人股占比71.01%；自然人股占比28.99%。按出资性质分，国有股份占比28.26%，民营股份占比42.75%；自然人股份占比28.99%。黄河农商银行系统现有法人机构20家，员工近6000人，营业网点385个，其中乡镇网点207个，在全区2240个行政村设立便民金融服务点2317个，全面消除村级金融服务空白点，是全区营业网点最多、分布最广、支农力度最大的地方金融机构。近年来，黄河农商银行系统按照自治区各项决策部署，立足地方、审慎经营，以遍布城乡的辐射网点、先进快速的网络系统和不断创新的服务意识，扎根"三农"，聚焦小微，服务县域，创新金融产品、提高服务水平，先后推出了黄河e贷、兴农e贷、黄河富农卡等信贷业务产品及网上银行、手机银行等电子银行产品，满足了不同层次客户的需求，使广大客户享受到了更加便捷、高效的金融服务。

2. 陕西秦农银行"银行控股集团"模式

陕西秦农农村商业银行股份有限公司（简称"秦农银行"）成立于2015年5月28日，是经中国银监会批准，在西安市碑林区、新城区、莲湖区、雁塔区、未央区、灞桥区六家城区原农村信用合作联社合并重组基础上，以新设合并方式，通过增资扩股、优化股权组建起的股份制农村商业银行。

秦农银行作为陕西省农信社的资源整合平台，以资本为纽带，按母子行制参股控股各县级农合机构，打造银行控股集团，实现了对全省农合机构的现代化改造，开创农村金融改革的"秦农模式"，其目标是以秦农银行为核心，实现陕西省农信社的集团化、现代化、品牌化发展。

自成立以来，秦农银行一直在探索与尝试中发展。2017年，秦农银行控股户县、周至、蓝田三家农商银行；2018年，吸收合并阎良区、临潼区、高陵区三家区联社。2022年2月，秦农银行吸收合并鄠邑农商银行（原户县农商银行）和西安市长安区农村信用合作联社。

《陕西省"十四五"金融业高质量发展规划》（以下简称《规划》）指出："支持秦农银行争取在全省布局，加快筹备上市，走特色化发展道路，打造全国一流农商行。""积极争取国家批准我省深化农村信用社改革试点，保持农村信用社农村金融主力军地位不动摇，保持县域法人地位总体稳定，支持有条件、有意愿的市（区）通过城区农商行、农信社合并等方式组建市级农商行。"

《规划》点名支持秦农银行加快筹备上市，打造全国一流农商行，其背后也意味着秦农银行的实力不容小觑。但"秦农模式"的可复制性在业内还有争议，它是否会成为未来农信社改革的重要路径之一，目前还难有定论。

秦农银行官网显示，自成立以来，该行积极探索契合农商银行发展规律的现代商业银行发展路径，先后并购重组西安市各区县农村信用合作联社，牵头成立丝绸之路农商银行发展联盟，资产规模、各项存款、各项贷款均较成立时增长了3倍多。截至2022年3月末，该行注册资本88.26亿元，居全国农商银行第7位、西北地区法人银行第2位，资产总额达3570亿元，451个营业网点遍布西安城乡，全资控股两家县级农商银行。

3. 广东构建"N个一部分"适度竞争模式

在推进省联社改革中，广东省人民政府于2021年8月5日发布的《广东省金融改革发展"十四五"规划》提出，"在全面完成农信社改制组建农商行的基础上，进一步深化体制机制改革，完善法人治理结构，支持符合条件的农商行扩大经营自主权。"表明广东省政府采取的是构建"N个一部分"适度竞争格局，即多家脱离省联社系统的头部农商行分别管理一部分、省联社继续管理一部分的多银行集团并存局面。2022年2月，东莞农商银行和广东普宁农商银行的管理权，从广东省农村信用社联合社整体移交至东莞市政府，并由东莞市政府委托该行协助管理普宁农商银行。此前，珠海农商银行于 2021 年年底与省联社"脱钩"，转由珠海市政府直接管理。此轮广东农信改革后，将有多家头部农商行以及被其参股控股的小型农商行陆续脱离省联社管理。

广东省选择这一改革模式，是基于省内农合机构发展不平衡、经营参差不齐的实际，此轮改革先将农合机构划分梯度，再按照"以强带弱、中间抱团"原则构建农商行集团，集团内部以股权为纽带，由母行向子行"注资、注制、注智"，进而形成深圳、广州、珠海、东莞、顺德、南海、汕头等多个银行集团并存且适度竞争的市场格局。

这一改革模式有利的方面是，金融风险得以快速化解，地方政府支持农商行的力度更大，决策链条更短，管理也更接地气；难点在于如何落实地方政府属地金融风险处置责任，一旦被参股控股的农商行出现风险，其风险"兜底方"可能难以界定。

4. 浙江农商联合银行"联合银行"模式

2022 年 4 月 18 日挂牌成立的浙江农商联合银行，在浙江省农村信用社联合社基础上组建，由浙江省内全部法人农信机构（简称成员行）入股组成，注册资本50.25 亿元，是具有独立企业法人资格的地方性银行业金融机构，是成员行的行业管理银行和联合服务银行。

强化服务功能、增强服务能力是本次浙江农信改革发展改革的重点，也是浙江农商联合银行实现赋能改革的关键。一方面，按照市场化、专业化原则，在承接省农信联社原有业务范围的基础上，争取理财子公司等业务资质牌照，在产品创新、资金融通调剂和流动性管理、营运支持、教育培训等方面为行社提供更加强大的服务支撑；另一方面，基于近年来金融科技发展优势，构建更加市场化的科技体系，增加自有科技人员数量和比重，特别是设立金融科技子公司，在满足自身发展需求的基础上，逐步向外系统和同业金融机构输出技术服务。

虽然"联合银行"模式一直饱受"改革不彻底"的质疑，但也有观点认为，浙江农信选择"联合银行"模式，是紧密结合省情和本省农信系统发展实际，作出的理性选择。因为"联合银行"模式有效规避了资本强势和逐利的属性对农信社发展产生的不利影响，对于实现党的领导和法人治理相统一、坚守支农支小战略定位、保持县域法人地位稳定、传承发扬农信文化、保持具有农信文化基因干部队伍稳定等关键问题，有着不可替代的独特优势。市场化并不能解决所有问题，"把方向、管风险"始终是改革的重中之重，农信社改革仍然要考虑到国家的治理体系和"什么是农信社的根脉"。农信社的很多问题并不是资本"一控了之"就能解决的。

5. 湖北宏泰集团"金控集团"模式

2022年4月25日，湖北宏泰集团有限公司发布重大资产重组公告称，根据湖北省委、省政府相关工作部署，集团进行重大战略性资产重组，以进一步推动金融资源聚集。其中，湖北省农村信用社联合整体划入，由宏泰集团实际管理省农信联社。

宏泰集团于2022年1月揭牌组建，是湖北省国企改革中第二批成立的省属国有企业，是湖北省属唯一金融服务类企业。根据湖北省委省政府关于新一轮国资国企改革部署，集团围绕服务实体经济、防控金融风险、深化金融改革三大任务，聚焦综合金融服务、要素市场建设、政策金融保障、资本市场运作四大主责主业，以金融投资为主，打造主业突出、效益显著、风控严密、协同联动、全国一流的金融投资集团。

宏泰集团是湖北省政府通过该省财政厅旗下的金控公司注资，由湖北省原宏泰国有资本投资运营集团、光谷联合产权交易所、湖北省融资再担保集团、湖北省农业信贷融资担保公司、中国碳排放权注册登记结算公司等多家金融类、要素类企业以及相关企业股权整合组建。现注册资本80亿元，资产总额804亿元，旗下共有15家二级公司、1家上市公司。

宏泰集团目前控股股东及实际控制人已由湖北省国资委变更为省财政厅，宏泰集团代表省财政厅向湖北省联社注资并实际管理省联社，省联社改制的银行再向基层行社注资。这是落实中央要求的体现。早在2018年6月，《中共中央 国务院关于完善国有金融资本管理的指导意见》（中发〔2018〕25号）就要求，履行出资人职责的各级财政部门对相关金融机构，依法依规享有参与重大决策、选择管理者、享有收益等出资人权利；负责组织实施基础管理、经营预算、绩效考核、负责人薪酬管理等工作。

湖北省联社改革为银行控股公司模式，划归湖北省财政厅旗下的省级金控集团实际管理，有利于下一步推进省联社改革。宏泰集团除了要有效整合省级金融资源外，还将承担起推进省农信联社向农商银行改革、推动湖北银行尽快实现上市、战略增资成为长江财险第一大股东、打造全国碳金融中心等事关全省金融行业高质量发展的重大专项任务。

（五）省联社改革模式比较

省联社改革模式分为两大类、省级农商行模式（包括金融控股公司模式和统一法人模式）、联合银行模式（包括金融服务公司模式）。

1. 统一法人模式

从股权关系来看，统一法人模式属于自上而下的模式，通过向社会募集资本，将全省农信机构合并为统一法人，组建省级农村商业银行，原基层农信机构作为该农商行的分支机构。这一模式能够理顺农信机构与省联社之间"自下而上组建、自上而下管理"的矛盾，有助于实现资源的集中配置，实现规模经济，提高整体农信体系的经营效率。但是，这一模式与当前中央提出的"保持农信机构的县域法人地位和数量总体稳定"的目标相冲突，且在统一法人的过程中，需要省联社收购足够多的股份，一方面需要庞大的资金；另一方面还需要平衡各方利益，操作起来相对困难。从现实情况来看，目前采取统一法人模式的省联社普遍是层级高、区域小、经济强的直辖市，如北京、上海、重庆、天津等，并且这些地区在改革之初就采取了这一模式，因此统一法人模式对于已经采取"省联社－县级联社"这种二级法人结构的地区可行性不高。

2. 控股公司模式

从股权关系来看，金融控股公司模式也属于自上而下的模式，通过向社会募集资本，组建以国有资本为主、集体及民营资本为补充的省一级控股集团，进而向下参股农商行，通过股权的形式将辖内农信社联结起来，实现协同效应和规模效应，在增强农商行资本实力的同时，充分发挥国有资本对农商行服务"三农"的战略引领作用。具体来看，金控公司模式具有以下几方面优势。

首先，可以通过股权投资的纽带理顺省联社与基层农信社的上下级管理关系，有助于完善农信系统内部的法人治理。其次，该模式能够保证农信系统的两级法人结构不变，有利于稳定农信机构的县域法人地位。再次，该模式在理顺产权关系后，能够更好地发挥基层农信机构的服务"三农"职能。当前国家对于农信机构的市场定位是，坚持服务县域经济和支农支小，具有一定的政策性属性。而农信社改制为农商行后，作为商业化的金融机构，其发展应当首先从股东利益出发，兼顾社会利益，而不是以社会利益为主，因此普遍寻求做大规模，容易偏离《支农支小》的目标。在金融控股公司模式下，省联社作为基层农信机构的大股东，可以通过派出理事或董事参与经营决策，而非通过行政管理手段约束农信机构的行为，更好地实现服务"三农"的目标。最后，这个改革过程能和农信机构的资本补充有机结合。通过省联社自上而下对基层行社入股，既可以缓解农信机构资本补充的难题，也可以借机对部分高风险行社进行重组，对存量风险进行有效的化解和处置。当然，金融控股公司模式需要对应的资本金来源，需要在相应的改革方案中，进行全面的考虑和专门的安排。

3. 金融服务公司模式

从股权关系来看，金融服务公司模式仍然保持了原有的自下而上参股的方式。这种模式符合国家提出的淡化省联社在人事、财务、业务等方面的行政管理职能，突出其专业化服务功能。但是，若将省联社改革为金融服务公司，就意味着省政府放弃对于省内基层农信机构的行政控制，因此省政府的改革动力较小。

4. 联合银行模式

从股权关系来看，联合银行模式是一种自下而上参股的模式，通过辖内基层农信机构共同出资组建以股权为基础的、具备完善法人治理结构的兼顾经营、管理、服务职能的省级股份合作银行，这种模式改革成本较低。

联合银行模式与现有模式相比主要有以下不同：首先，改制为联合银行后，省联社由"合作金融机构"转变为商业性金融机构，组建"三会一层"的架构，内部治理能力有所提升，"官办"色彩弱化。此外，改制后的联合银行具有金融牌照，可以和基层农信机构一样，经营存贷款业务，也可通过转贷等方式支持基层农信机构的发展。但是，联合银行模式本质上仍是一种发展合作金融的逻辑，通过自下而上的方式，组建更高一级的金融机构，而合作金融发展的前提是通过"人合"带动"资合"，对于农信系统来说，基层农信机构必须具备相互合作的意愿且彼此达成共识，进而共同出资组建联合银行。但现实情况是，基层农信机构作为商业化的独立法人，普遍追求自身利益最大化，且省内各基层农信机构发展水平不一，相互间的利益难以平衡，因此实现"人合"相对困难。如果不以"人合"为前提组建成立联合银行，其由谁领导、由谁管理依然存在争议，若按照公司法人治理模式，谁出资额高、持股比例大就该由谁管理，而发展较好的农信机构无疑具有更强的资金实力，这时又会出现新的问题，即那些自身实力较弱的基层农信机构是否愿意接受自身实力强的农信机构的管理。倘若管理者由政府指派，则又回到现有模式，省联社与基层农信机构的关系基本未变，仍然存在权责关系模糊、失配等问题。

5. 省联社改革模式比较

通过对不同的省联社改革模式进行分析,可将其按照股权关系划分为"自上而下"和"自下而上"两种方式。其中,统一法人模式和金融控股公司模式均属于"自上而下"的方式进行改革,但金融控股公司模式相对来说对现有农信体系的改革冲击较小,依然保持农信系统"省联社—县联社"的二级法人结构不变,符合国家保持农信机构的县域法人地位和数量总体稳定的大目标;金融服务公司模式与联合银行模式均属于"自下而上"的改革方式,但联合银行模式对于现有省政府的权力约束较小,各省政府改革的动力相对较强。因此,金融控股公司模式和联合银行模式分别是"自上而下"和"自下而上"两种模式中改革困难和阻碍相对较小的模式,自然也成为当前讨论较多的两种改革路径。但从理顺省联社和农信机构产权关系及管理体制的改革目标来看,对于有条件的省区,金融控股公司模式可能是相对较优的改革路径。

各省经济社会发展水平不一、农信体系的发展也存在较大差异,国家和监管部门对省联社的改革政策,要求各省根据实际情况,因地制宜地选定省联社的具体改革路径。但是,无论采取何种路径,省联社改革都要保持与农信机构的改革方向相一致,即坚持市场化、法治化、企业化的改革方向,坚持农信机构服务"三农"、保证可持续发展的原则,同时要加大金融科技方面的投入和能力建设,全面提高农信机构的金融科技应用水平和竞争能力,实现数字经济大潮下农信机构健康、高效、可持续发展。

四、农村信用社发展对策

鉴于农信社改革后依然存在不足,应进一步深化农信社改革,厘清产权关系,理顺公司治理体系;建立市场化机制,充分发挥省联社服务和统筹职能,强化农信社独立法人地位,更好地服务乡村振兴战略;通过加强金融科技建设解决支农与发展目标矛盾和外部竞争带来的挑战。

(一)县级联社发展对策

1. 明确产权,规范治理

2011年来,银监会明确提出达到条件的农村信用社改组为商业银行。改组后的农信社产权将逐步理顺，并起到示范效应。这种改组实质上是引入新的产权主体替代原有的所有者虚置，将产权量化到具体的自然人和法人。股份制产权制度具有更大的优势和现实性，在制度安排上，合作制向股份制转化，符合现代商业金融的发展路径。因此，有必要规范法人治理，鼓励职工共同参股，形成机构内部的风险共担机制，防范个别人利用职权谋取私利；同时接受社会监督，定期向社会公布经过中介机构审计确认的经营状况，以及监管机构出具的监管意见。

省级联社可以控股股东或最大股东身份参股县级行社，对县级行社进行股份制改造，通过资本约束，可以不断完善县级行社的法人治理结构，使之逐渐成为市场经营主体。省级政府应放弃对农村信用社的行政控制，摒弃"政企合一"的弊端，有利于真正实现农村信用社独立自主、因地制宜持续健康稳定发展。

2. 风险控制制度化

在改革过程中，应采取切实有效的措施，建立长效机制，防范和化解农信机构各类风险。一是落实省级政府属地风险处置责任，建立多级风险防控与处置机制，探索风险准备金制度；二是由省联社（农商联合银行）牵头，在全省建立风险互助和流动性互助机制，提升法人行社风险防控能力；三是实施全面风险管理，健全农信机构事前、事中、事后全流程风险管理机制，降低增量风险；四是拓宽不良资产处置渠道和方式，综合运用批量转让、证券化、债转股等手段消化存量不良。央行和监管部门应适当降低相应要求，支持农信机构通过发行永续债等多种资本工具补充资本，符合条件的农商行应优先支持上市；通过定向降准、再贷款、再贴现等措施，进一步加大对农信机构的精准支持，从根本上提升农信机构稳健发展能力。

为增强规模效应和抗风险能力，对东北和中西部地区规模较小的农信社（农商行、农合行），应鼓励在市场化的基础上进行重组合并，适当组建市级农商行。近年来，四川、广东等省份在重组合并农信社方面进行了积极尝试，取得了较好效果，这与坚持县域法人地位的原则并不矛盾。

3. 优化金融生态环境

为强化农村信用社信贷支农目标，建议做好优化金融生态环境，提高农业农民保险保障水平，完善农村征信建设。主要措施有：农村信用社服务主体是"三农"，是经济发展薄弱领域，农业不发达，规模小，分散经营，受自然因素影响大；农民收入低，信用度不高，社会保障水平低，这是决定农村金融发展的主要外部环境因素。因此，通过提高财政补贴农业保险保障额度，提高农业机械化程度，建立支农贷款的风险体系，如支农贷款风险保障基金、支农贷款保险等，构建支农贷款担保体系，如农业贷款担保机制、农户贷款政府担保机制、农村信贷机构担保等，推进支农贷款贴息、免息政策、拓展联保贷款业务等，推进合作金融法规建设，适时出台《合作金融法》。提高农民社会保障水平，加快信用村建设，提高农民信用水平，使得农业抗风险能力增强，农民生活保障程度提高，优化农村金融生态环境，有效降低农村金融风险，农信社才可能做到支农与发展目标并行不悖。

4. 以质量促效益应对市场竞争

在农村金融市场资金供给主体逐渐增多，互联网金融不断蚕食，市场竞争日益激烈的情况下，农信社面临技术创新，特别是移动互联、人工智能、区块链等新技术带来的金融新业态、新场景的挑战；面临金融机构、类金融机构多元化发展催生新的竞争主体的挑战；面临移动互联和大数据金融服务方式下国有银行、股份制银行及互联网公司对农村中小银行和传统优势市场（县域及农村、城镇社区）全方位的业务渗透等挑战。

农信社应该科学应变、主动求变，与时俱进，变挑战为机遇，持续加快经营模式转型、金融产品创新和金融科技赋能，发展思路由"规模效益型"向"质量效益型"转变。

在经营模式转型上，由同质化向特色化转变，增强农信社的竞争力，走差异化竞争的特色之路，建立全方位对接客户的服务机制，打造具有特色的核心竞争力；盈利模式由单一化向多元化转变；产品创新上，着力推进负债类产品优化、强力推进信贷类产品创新；完善"对外简化、对内优化"的操作流程，全面提高农信社精细化管理水平，打造精细化管理的流程银行；对内形成机会均等、公平竞争的机制活力，对外形成信用为本、合作共赢的良好环境，

在科技赋能上，强化顶层设计，推进金融科技整体布局，充分利用现代科技成果，真正建立起以客户为中心的业务信息系统和以价值创造为中心的管理信息系统，加快朝着科技银行的功能转型；强化线上赋能，加快金融生态重塑，利用金融科技改善农信社金融服务（包括现金存取、支付结算、信贷、征信等服务），降低交易成本，提高风险识别能力；通过与互联网金融机构合作，拓宽业务范围，开展农村理财、保险、证券、信托等方面的代理或自营业务，增加利润来源；可以通过互联网技术，加强内部管理，实现管理扁平化，减少管理层次，节省管理费用，提高管理效率；可能会同时实现盈利和支农的双重目标。

（二）省联社发展对策

由于当前国内国际不确定因素增多，单家农信机构对经济形势和国家未来金融政策研判能力不足，省联社需准确把握中央政策和监管要求，前瞻研判宏观经济形势、行业发展趋势，加大区域经济和产业经济研究力度，做优政策研究平台，引导全省农信机构落实党中央的路线、方针、政策。

在功能上，省联社要在信息化、智能化、平台化、生态化方面发挥重大作用，指导基层行社在科技、资源、市场等方面走"联合与合作"的道路，拥抱数字经济，走数字金融之路，这既符合监管要求，也是未来发展方向。

在组织模式上，金融监管部门对省联社改革不搞"一刀切"，要求省联社改革实事求是、因地制宜，根据各省经济发展情况、金融体系、资产质量、风险管控能力、地方政府意图等因素来决定选择哪一种改革方案。中国幅员辽阔，东、中、西部地域特色、经济发展水平各不相同，各地农信社的发展程度不等，省联社具体采取哪种模式，没有完美之选，只有适合的模式。

在管理职能上，一些经济欠发达省份的农信社还是零散的，经营管理仍然落后，需要省联社对其经营进行指导、帮助。大型的农商行基本出现在经济发达地区，对于地方大型农商行，随着资本扩张、跨省经营，省联社已经很难对其经营进行实质性的干预，未来省联社必然只能"重服务轻管理"，其行政管理职能将逐渐被淡化，进而转型成为类似行业协会的机构，侧重服务功能。

综上所述，对于2003年的"花钱买机制"农信社改革，取得了一些成就，还存在着一些不足。全国农信社在两年多时间实现净资产总额、平均资本充足率、盈利总额三项指标全部由负转正，更出现了长达十余年的高速发展。但在体制机制、治理结构、管理模式、经营机制转换、资产质量和披露等多方面，仍然存在较大问题，还需要继续深化改革。

第四部分　其他类型合作经济组织
发展研究报告

在中国，合作社作为一种重要的组织形式和经济发展形态，在加快推进农业现代化，繁荣城乡经济，统筹城乡发展，增加就业和收入等方面发挥着不可替代的重要作用。我国目前冠名为合作社的组织名目繁多、功能各异，这些合作社与国际上通行的合作制原则有大小不等的差距，具有显著的中国特色，其中主要有供销合作社、信用合作社、农民专业合作社、村级经济合作社、资金互助合作社、土地股份合作社等，这些合作社在各自领域发挥独特优势，服务于农民生产生活，除了本报告前文具体介绍的供销合作社、信用合作社、农民专业合作社以外，本部分将介绍具有一定的治理架构和制度安排的其他类型合作经济组织。

一、合作经济组织的概念与优势

自有人类社会以来，在处理人与人之间的关系上，便有冲突、对抗、竞争与合作等不同的行为方式，其中，合作是处理人与人之间关系的一种双赢和多赢的行为方式。现代西方合作运动及相应产生与发展的合作社组织形式与制度安排则始于19世纪初，合作制作为一种劳动的联合，旨在满足自愿联合的人们的共同需求，"谁的"和"为谁"是合作社的核心要义，所有者、控制者、受益者三位一体，统一于合作社服务使用者。

合作制是制度上的说法，而形式与内容叫合作经济组织或合作社。合作社作为一种特殊法人，既有经济功能，又有社会功能，有的还有政治功能，具有分散的群体无可比拟的优势：一是经济上的互补性，这种互补性可体现在物质、劳动力、机械或者技术等多方面；二是经济力量的整合，也叫抱团取暖，形成规模优势、成本控制优势、技术利用优势、谈判议价能力等；三是政治力量的整合，即通过影响政府的农业政策来保护农民利益，实现税收减免、获取财政补贴、信贷优惠等。

二、其他合作经济组织类型

（一）农村合作医疗

1. 定义与功能

新型农村合作医疗制度，简称新农合，是由政府组织、引导、支持，农民自愿参加，个人、集体和政府多方筹资，以大病统筹为主的农民医疗互助共济制度。其资金来源以政府投入为主，农民再出剩余部分。具体的筹资比例为：中央财政和地方财政各占 1/3，农民个人缴纳占 1/3，乡村集体经济组织有条件的也要给予资金支持。

合作医疗在保障农民获得基本卫生服务、缓解农民因病致贫和因病返贫方面发挥了重要的作用，它为世界各国，特别是发展中国家所普遍存在的问题提供了一个范本，不仅在国内受到农民群众的欢迎，而且在国际上得到好评。世界银行和世界卫生组织把我国农村的合作医疗称为"发展中国家解决卫生经费的唯一典范"。

2. 发展历程和特点

合作医疗在我国先后经历了 20 世纪 40 年代的萌芽阶段、50 年代的初创阶段、60—70 年代的发展与鼎盛阶段、80 年代的解体阶段和 90 年代以来的恢复和发展阶段。面对传统合作医疗中遇到的问题，当时卫生部组织专家与地方卫生机构进行了一系列的专题研究，1994 年，全国 27 个省 14 个县（市）开展"中国农村合作医疗制度改革"试点及跟踪研究工作，为建立新型农村合作医疗打下了坚实的政策基础。

2002 年 10 月，中国明确提出各级政府要积极引导农民建立以大病统筹为主的新型农村合作医疗制度。2006 年新型农村合作医疗试点县（市、区）覆盖面扩大到 40％左右，2007 年扩大到 60％左右，2009 年，中国做出深化医药卫生体制改革的重要战略部署，确立新农合作为农村基本医疗保障制度的地位，农村合作医疗参合率明显提升。

2016年1月3日，国务院印发《关于整合城乡居民基本医疗保险制度的意见》（以下简称《意见》），整合城镇居民基本医疗保险（以下简称城居保）和新型农村合作医疗（以下简称新农合）两项制度，建立统一的城乡居民基本医疗保险（以下简称城乡居民医保）制度，该制度的建立是推进医药卫生体制改革、实现城乡居民公平享有基本医疗保险权益、促进社会公平正义、增进人民福祉的重大举措，对促进城乡经济社会协调发展、全面建成小康社会具有重要意义（见图4—1）。

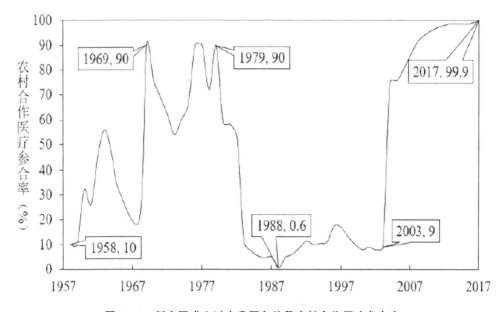

图4-1 新中国成立以来我国各阶段农村合作医疗参合率

（资料来源：尚虎平、黄六招，中国农村经济，2020年第7期。）

城乡居民医保整合前，新农合和城居保在缴费标准、报销药品、定点医院等方面差异较大。比起城居保，新农合在政府补贴和报销比例上稍高，但其筹资水平、报销药品数量和人均基金支出却明显较低（见表4—1）。整合后，原新农合参保人员筹资水平提高了108.51%，报销药品数量增长了163.63%，人均基金支出增加了50.84%，并且定点医疗机构层次更高、范围更广，大幅提高了医保福利和健康水平。

表 4-1　2016 年新农合和城居保的收支情况

项目	筹资渠道	筹资水平（元）	报销比例（%）	报销药品数（个）	人均基金支出（元）
新农合	政府补贴约 80%，个人缴费约 20%	约 470	75	1100	417
城居保	政府补贴约 70%，个人缴费约 30%	约 980	70	2900	629

（资料来源：马万超、李辉，中国经济问题，2021 年 7 月）

城乡居民医保打破了城乡医保壁垒，促进了医疗公共服务均等化，实现了城乡居民公平享有医保权益，增加了人民群众的幸福感。

（二）土地流转合作社

1. 定义与功能

农村土地流转合作社是指在家庭承包经营的基础上，由享有农村土地承包经营权（或林地经营权）的农户和从事农业生产经营的组织，为解决家庭承包经营土地零星分散、效益不高、市场信息不灵等问题，自愿联合、民主管理，把家庭承包土地（或林地）的经营权采取入股、委托代耕和其他流转方式进行集中统一规划、统一经营的农村互助性合作经济组织。它以股份制和合作制为基本形式，实行"三权分离"，即村集体拥有土地所有权，农民拥有土地承包权，土地流转合作社拥有土地经营权，农户按入社土地面积从合作社获取分红收益。

2. 发展历程和特点

2004 年，国务院颁布《关于深化改革严格土地管理的决定》，其中关于"农民集体所有建设用地使用权可以依法流转"的规定，强调"在符合规划的前提下，村庄、集镇、建制镇中的农民集体所有建设用地使用权可以依法流转"。2014 年，中共中央办公厅、国务院办公厅印发了《关于引导农村土地经营权有序流转发展农业适度规模经营的意见》（以下简称《意见》），要求各地区各部门结合实际认真贯彻执行《意见》要求大力发展土地流转和适度规模经营。

目前，土地流转合作社大体上可以分为两种类型：（1）村集体牵头成立土地股份合作社，将土地整理后通过合作社转租，在土地流转中发挥中介作用，实际上是村集体组织"统"的职能的体现。合作社自己不经营,只是充当流转中介。但是通过土地整理,合作社也可以得到大约10％土地的租金,这部分租金除了弥补整理土地的支出外,主要用于村集体的办公经费。（2）村集体或农户成立土地股份合作社自己经营。一开始合作社仅仅充当流转中介,后来逐渐组织本村的剩余劳动力自己经营。这样既增加了入股农民的分红数额,又增加了村集体的收入。表4-2展示了土地流转合作社的各项成本。

表4-2　土地流转合作社公司化运营与维护的劳动力成本

占比		小苗	中苗	大苗
		一成	三成	五成
管护	1人看护亩数	4分地	1亩地	1亩地
	2人看护亩数	6分地	1.5亩地	3亩地
	管护费用	300元/人	300元/人	300元/人
锄地	每年锄地次数	6次	4次	3次
	每亩地用工数	15个工	4～15个工	1个工2～3亩
	用工的工资（元/天）	80	80	80
	成本总额（元）	7200	1280～4800	80～120
公司流转土地的成本（元/亩）		800		
（平均）总成本（元）		9000	4140	1200
总成本（元/亩）		3642		

（数据来源：邓宏图等,《管理世界》2020年第9期）

以合作社作为土地流转的载体,引导农民将土地流转给专业合作社经营,是完善农村土地流转方式的一种创新。其意义主要有以下几个方面:一是有利于土地资源优化整合,通过合作形式进行生产经营,符合农村发展的实际,对于进一步深化农村土地经营制度、实现适度规模经营、促进生产方式转变、带动农民增收具有积极意义;二是农民把土地委托给合作社统一经营,使这些农民完全从土地中解放了出来,安心外出务工经商或就地转移从事二、三产业,促进了专业化分工,同时这些农民又能得到土地收益,有利于保证农民长期而稳定的收益,也有利于农民的非农化转移和农村城镇化进程;三是实现适度规模经营,有利于加快农业产业化的发展。

（三）消费合作社

1. 定义与功能

消费合作社是自愿联合的消费者，通过其共同所有与民主控制的企业，满足他们共同的经济、社会与文化需要及理想的自治联合体，它也遵循国际合作社联盟的七项原则，因而在本质特征上与其他类型合作社并无实质区别。最典型的消费合作社类别是经营食品与其他非食品类生活用品的消费合作社，其广义的业务领域更可包含电力、电话、健康医疗甚至住房与金融服务等消费合作社种类。

2. 发展历程和特点

安源路矿工人消费合作社是中国共产党成立之初注重调节工人消费生活并实行经济领导的重要表现。在组织安源工人运动的过程中，中国共产党高度重视工人经济利益与消费生活，通过创建、改组、扩充、整顿消费合作社，为安源路矿工人提供了便宜的消费物资和货币兑换服务；同时不断加强党对消费合作社的经济领导，推动消费合作社的制度建设。虽然初创的消费合作社受到外部军事政治力量的干扰和内部管理不善的影响，但从其发展过程来看，中国共产党已经建立起一套行之有效的消费合作社经营与管理制度，在工人运动中发挥了重要作用。整体而言，安源路矿工人消费合作社致力于将工人日常消费生活与工人运动、革命斗争相结合，为中国共产党管理经济组织并加强经济领导提供了重要的历史经验，也成为中国共产党独立自主探索消费合作社发展道路的开端。

目前，我国的消费合作社主要涉及食品和基本生活用品领域，特别是在农产品销售领域。例如，北京市农研中心成立的农研职工消费合作社与延庆北菜园农产品产销专业合作社进行"社社对接"，消费合作社搭建了社员在线购物和监督平台，通过"互联网＋物联网＋充值卡＋智能配送柜"的形式，提供随时随地在线订购北菜园蔬菜的服务。同时为了拉近生产者和消费者的距离，农研中心职工消费合作社还组织社员定期考察参观北菜园联合社的蔬菜生产环境，了解蔬菜的生产管理和配送过程，不仅让消费者用得放心，也对产品的质量起到很好的监督作用。全国第一个由省级供销合作社成立的城市社区消费合作社——云南省的大树营消费合作社，在昆明市东风东路金马立交桥旁大树营后村成立。这是由云南省供销合作社牵头，目的在于为社区居民提供方便优惠的服务，在市场物价波动的时候，可以通过对分布于各社区的消费合作社进行适当补贴进行物价调控。

由于新形势下我国发展消费合作社的经验还较缺乏，其业务领域尚未涉及太多产业，比如像住房这样的敏感且涉及多部门、多利益的产业，因此进一步发展消费合作社是一个总体上逐步推进的过程。

3. 案例分析——济南市社的第一家消费合作社

济南市鲍山花园社区是在农村城镇化、农民居民化后，由4个村组建的新型城镇社区，拥有4000户2万人，源于社区居民品质生活需求的提升，2020年1月，鲍山花园消费合作社应运而生。

鲍山花园消费合作社由郭店供销合作社、供销新合超市、鲍山花园社区三方共建，采用会员制，按照"入社自愿、退社自由、互利合作"的原则，发展鲍山庄园社区居民为会员，会费只需10元。消费合作社遵循"政府主导、供销合作社主办、市场化运作、民主管理、利益共享"的原则管理运营，现已发展会员600户。

据区社合作指导科科长李昌栋介绍，供销新合超市共有17家大中型超市、151家村级加盟店，实现了乡镇全覆盖，年盈利698万元。依托流通服务优势，供销新合超市鲍山店上架产品9000种，会员指定优惠商品500余种，主要包括米面粮油、日用品等基本生活用品，全部平价销售。

会员凭会员卡不仅可以购买指定优惠商品，还能参加消费合作社的会员大会，为超市经营建言献策，并享受年终盈余分配。居民不仅是消费者，还是供销新合超市鲍山店的"当家人"。由此，超市也实现了由"经营"向"经营＋服务"转型。在消费合作社的带动下，鲍山店日均销售额为4万元，比之前的2.5万元增加了1.5万元。"年底我们计划拿出日消费额的2%，约15万元，为会员返利，每人约1000元。"李昌栋介绍，供销合作社在聚集人气、财气的同时，也凝聚了民心。

有效参与社区公益服务和社区治理，不仅是消费合作社的特点，更是历城区社为农服务的创新之举，尤其是在2020年新冠疫情期间，其担起了保障社区居民生活的重任。面对社区封闭管理，供销新合超市鲍山店承诺所经营商品保质量、不涨价、保供应。在人、物、车等资源都非常紧缺的情况下，供销新合超市鲍山店确保供应链不中断，稳定了居民情绪，为社区疫情防控贡献了供销合作社力量。

利用消费合作模式，可以有效便捷采集客户消费需求信息，为建立社区微商平台、云端定制服务全覆盖创造条件。消费合作社年底前将优先为1000户入社会员建立线上直采平台，然后再推广到社区全体居民中，并融入供销合作社正在建设的"村村云"电商服务网络，构建"线上订单＋线下订单＋快递物流配送"

的多方位服务模式。

（四）农村社区股份合作社

1. 定义与功能

《中华人民共和国物权法》第五十九条规定："农民集体所有的不动产和动产，属于本集体成员集体所有"，包括土地（含林地、草原等资源性资产）和其他财产。《中华人民共和国物权法》第一百二十四条第二款规定："农民集体所有和国家所有由农民集体使用的耕地、林地、草地以及其他用于农业的土地，依法实行土地承包经营制度。"据农业部门统计，经过长期的发展积累，目前全国农村集体经济组织拥有土地等资源性资产66.9亿亩，各类账面资产2.86万亿元，大体上全国的村平均近500万元，东部地区村均近千万元。这些资产是农业农村发展的重要物质基础。那么，其他动产和不动产怎样经营？作为集体成员的农民享有什么权利？

农村社区股份合作社是指将农村集体净资产量化到成员后形成的合作经济组织，它是中国特色农村集体所有制的产物。农村社区股份合作社将农村集体所有的经营性资产以股权的形式量化给每个村级集体组织成员，从而形成全体社区居民（农民）所有、民主管理、民主决策、独立核算、自主经营、风险共担的新型合作经济组织。农村社区股份合作社遵循股份合作制的原则，一般以村级组织为单位，也有的以村民小组为单位。

2. 发展历程和特点

在实行人民公社制度的20多年间，这些资产和耕地等资源性资产一样全部由集体（公社、大队、生产小队）统一经营，而截至1983年春，95%以上的农村基本核算单位（主要是生产小队）全部实行了以家庭为主体的承包经营，与此同时，广大农村也在尝试着进行集体经营性资产经营方式的探索。20世纪80年代如雨后春笋般兴起的乡镇企业，到了90年代，几乎都实行了某种形式的承包责任制。80年代后期，作为国家级农村改革试验区，山东省淄博市周村区试点了农村社区股份合作制改革，把农村社区的集体资产量化到每一位成员，为今天的农村社区股份合作社的构建积累了极其宝贵的经验。

农村股份合作社的大发展时期是20世纪90年代，主要是一些比较富裕的村，把村集体中无法分割或没有承包到户的资产，以股份的形式按照一定的规则平均分配到每一个社区成员，年底按股分红。尽管各地的做法不完全相同，但总的来看都体现了加强农村集体资产经营管理这个核心，体现了资产保值增值、增加农民收入的目标。从现实中看，农村社区股份合作社具有以下特点。

第一，成员重合性。即农村社区股份合作社的成员和集体经济组织的成员是重合的，强调成员按份所有。尤其是在合作社构建的初期阶段，每个成员的股份大体接近，是典型的同质性合作社。从股权构成角度看，农村社区股份合作社的股权均衡性决定了成员地位的平等性，不像农民专业合作社那样，存在着少数成员占大股甚至控股现象。现实中有些社区股份合作社为了保持这样的均衡股权，防止一股独大，甚至在章程上注明，即使出现个别成员转让股权情况，转入成员的持股也不能超过单个成员持股的3倍或5倍。

第二，社员的封闭性。农村社区股份合作社的成员只能是集体经济组织的成员，即使出现股权转让情况，也只能在集体经济组织内部，非本集体经济组织成员没有资格成为本社区股份合作社的成员，从而没有资格转入本社区股份合作社的股份。现实中，农村集体经济组织包括乡镇级、村级、村民小组级，互相之间还存在着交叉、重叠现象。如有的乡镇集体资产雄厚可以组建乡镇级的社区股份合作社，但不影响其下辖的村也组建村级社区股份合作社；将来每个村都可能组建一个社区股份合作社，村下面的村民小组如果集体资产较多，也可以组建小组级社区股份合作社；没有资产的村民小组当然就没有必要组建合作社。这样，同为一个村的村民，有的可能是三级合作社的股权持有者，有的只是乡镇、村两级合作社的股权持有者或村一级合作社的股权持有者。这样的交叉持股现象并不影响农村社区股份合作社的封闭性特征。

第三，决策民主性。农村社区股份合作社的股权构成特点使其具备了决策时采取"一人一票"制度的可能性，即决策的民主性。在较大的村或乡镇由于成员较多而采取成员代表大会制度，但决策的基础仍然是民主决策制度下的"一人一票"制。现实中可能会出现少数成员引导成员大会或代表大会决策的情况，但一般是由于该成员的阅历或见识超群，而不是由于其股份。

3. 案例分析——华西村集体经济改革与社区股份合作社

中国的农村集体经济组织建立是一个从未有过的理论难题。这不仅是因为村庄所在地的自然禀赋、经济结构、社情民意等外部因素不一样，还在于在其内部有着复杂的人地关系，土地的所有权归集体所有，这个集体可能是村，也可能是村民小组，农户获得30年不变的承包经营权，另外还有一块宅基地。而在承包地之外，还有大量的机动地和荒地，有些地方还有建设用地。在实行联产承包责任制的初期，面对的市场是一个农产品供不应求的市场，所以农户生产力的解放获得可观的发展成果。进入 21 世纪，快速发展的工业化、城市化对农业、农村和农民的挤压越来越突出，这使得农村治理弱化的问题逐步凸显出来。

改革开放以来，中国的合作经济发展有了长足的进步，但是各种合作经济组织和集体经济组织不兼容的问题正在阻碍中国形成一个完整的农村合作组织体系。我们需要依据中国的国情来构建农村经济组织结构，为农村集体经济组织进入市场提供通道。加速推进建立合作制与股份制相结合的农村社区股份合作制是适应市场经济要求的。通过各地的不断尝试与努力，我国农村集体经济有了一定的发展并取得了初步成效，形成了晋江模式、苏南模式、温州模式等，但是农村社区股份合作制改革仍处在摸索阶段。

华西村的经济发展之路是对苏南模式的扬弃，它吸收原模式的精华，又结合了现代股份制的优点，走出了一条新路。对于村民实行既可以搞集体经济又可以从事个体经营的一村两制，实行"多提积累少分配，少分现金多转制"的分配方式。这种分配方式，使闲置资金在统一经营中实现裂变增值，既避免了收入差距过大，又保证了广大农民在资产的不断增值中持续增加收益。

华西村通过"一分五统"（村企分开；经济统一管理，干部统一使用，劳动力在同等条件下统一安排，福利统一发放，村建统一规划）的办法和周围 16 个行政村合并组成了一个大华西村，成立华西村集团，下辖 9 大公司、60 多家企业。现在的华西村集团正是集体控股 70%，村民参股 30% 构成的社区合作经济模式。对超额利润按 20% 上缴集团公司，80% 留给企业进行分配。留归企业的部分按"一三三三"比例分配，即 10% 奖给承包者，30% 奖给技术、管理人员，30% 奖给职工，30% 留作公共积累。村一级的社区成员之间有一定的血缘关系，活动范围较小，较易实现对经营者的监督，在实行股份合作制的过程中，便于实行折股量化，以分为主的方式，农民也乐于接受。这种分配机制既平衡了集体、个人的利益关系，又调动经营者和职工群众的积极性。

华西精神的核心是"创富"的使命感和"共富"的社会责任感，尊重市场是配置资源基础要素的要求，使农村集体经济组织的改革融入市场发展的循环中。但华西模式并不一定适用所有的农村社区，一方面要学习华西村发展集体经济、共同富裕的理念；另一方面要结合本地实际，因地制宜地走适合本地发展的道路。

（五）农产品电子商务合作社

1. 定义与功能

农产品电子商务合作社是一种以促进农产品销售和市场拓展为目的的合作组织。它结合了传统农业生产与现代电子商务平台的优势，旨在通过互联网和电子商务技术，提高农产品的市场竞争力和销售效率。

农产品电子商务合作社的成员通常包括农民、农业合作社、农产品生产者和供应商等。这些成员通过合作社平台联合起来，共同销售和推广他们的农产品。合作社利用电子商务平台（如专门的农产品电商网站或在线市场）作为销售和交易的主要渠道。这些平台可以提供在线商店、电子支付、物流配送等服务，帮助成员将农产品推广到更广泛的市场。

成员通过合作社平台共享资源和技术，例如，共同使用电商平台的销售功能、共享物流和仓储设施、共同进行市场营销和品牌推广等。资源共享可以降低成本、提高效率，增加销售量和利润空间。成员在农产品电子商务合作社内部实现共同决策和资源共享，共同承担业务风险和共享销售利润。这种合作模式强化了农产品供应链的整合和协调，提升了整体竞争力和市场份额。

2. 发展历程与特点

随着互联网和电子商务技术的普及，一些农产品生产者和合作社开始尝试利用电子商务平台进行销售和市场拓展。一些农产品电商网站和在线市场开始涌现，为农产品销售提供了新的机会。

从 2010 年开始，农产品电子商务合作社逐渐壮大和发展。越来越多的农产品生产者和供应商加入合作社，共同利用电子商务平台进行销售和推广。2022 年中央一号文件对农村电商领域提出新举措——实施"数商兴农"工程，这一工程的实施将对供销合作社进一步发展农产品电商起到良好的推动作用。随着技术的不断创新和发展，农产品电子商务合作社开始整合更多的电子商务技术和服务，如在线支付、物流配送、数据分析等，以提高销售效率和用户体验。一些合作社还开始探索农产品溯源、品质认证等方面的技术应用。

从商业角度来看，电子商务包含 B2B、B2C、C2C、O2O 等多种电子商务模式类型，农产品电子商务交易通过各种类型交易平台，促进农业生产向"信息化""标准化""品牌化"的现代化产业发展，也促进了农产品经营向"高端"方向发展，从而帮助农产品生产企业快速成长发展，提供质优价廉的农产品。

3. 案例分析——农产品电商的营销模式

（1）微营销模式

微营销是一种利用微信、微博、小红书等社交媒体平台进行营销推广的模式，通过社交化的方式吸引用户关注、传播产品信息、提升品牌知名度和销售额。

微博营销具有低成本、低门槛、传播速度快、覆盖范围广、展现形式多样、互动高效、反馈便捷、针对性强、更具人性化等特点。不仅适用于农民专业合作社组织，也适用于普通农民，通过建立微博平台发布信息，达到产品宣传广告、营销推广的目的。通过官方注册认证、具有发言权的微博平台，个人或组织可在微博平台发布农产品信息，进行一系列网络营销活动，能较好地获得消费者的信任，逐步构建有一定受众量并不断扩大的互动交流平台。由于平台不受时间和空间的限制，微博营销所进行的信息传播不同于传统营销模式的时限性和全面化，呈现出传播收看的随时性和碎片化。同时，通过平台设置微博转发（评论/点赞）功能，或通过用于自己多个微博的相互操作提升互动量，起到一传十、十传百的放大效应，从而获得传播低成本、高效率的营销效果。

微信营销具有成本低廉、定位精准、传播形式多样化、营销方式多元化、营销到达率高等优点，微信没有时间和空间的限制，用户开通后，可与各种拥有微信的"朋友"形成联系，需要者可以订阅自己所需的信息，生产经营者可以通过微信平台传播农产品信息，推广和销售自己的产品，实施点对点的营销，提高针对性和有效性，实现农产品销售目的。例如，创立于2015年的"归农社交电商"，是中国农牧行业十大创新品牌，主要是通过微信朋友圈，以微信发布传播农产品信息为主，实现销售的社交模式电商，它区别于直销、传销、微商。不需要代理费、不设层层代理，不要你囤货，一切风险公司承担，只要购买一样东西就可以拥有自己的网店。

（2）直播带货模式

近年来，直播和短视频行业持续火爆，比起文字、图片，视频更具有冲击力和表现力，视频可以放大合作社产品的核心优势，并通过口碑传播，点赞数量统计感兴趣的用户流量，可以做到线上传播到线下引流的一个有效转换，节约了广告费，缩短了营销周期。农民专业合作社社员视频和产品视频可以相互配合，用社员（或理事长）讲述产品、产地故事。这些来自田间地头的民间自制短视频成为展示农民专业合作社、农业创业者风采、宣传农产品的利器。例如，浙江省农创客联合会开通了官方抖音号，社员可以把自己制作的短视频通过官方抖音号传播出去，获得更多的曝光、更多的流量支持，也可以在微信朋友圈推广出去，达到大规模快速销售农产品的目的。

（3）第三方平台模式

农民电子商务合作社的主要活动是农产品的销售和生产资料的采购。在农产品销售活动中，其对象主要是个人客户和组织客户，为个人和组织提供便利的农产品交易渠道，如开通农产品网上零售店、"社超对接"系统、"社校对接"系统等；合作社生产资料的采购借用互联网采购平台，提高采购活动的效率。

无论是产品的销售，还是生产资料的采购，都是通过电子商务交易平台来实现的，打破了农产品销售和生产资料采购的地域局限性，也降低了交易成本。交易平台对贸易双方进行身份认证后，通过标准质量检测体系对农产品进行质量检测，并向贸易双方提供信息服务、中介服务、交易服务，对整个交易过程进行监控管理，保证交易的安全性和规范性。农产品供应体系的建立，使农产品生产规模化、标准化，保证了农产品的供应；第三方综合平台保证农产品的质量以及整个交易过程安全、规范地进行；交易双方通过规范化的交易，加强彼此的合作，有助于电子商务供应链体系的建立。农产品电子商务平台供应链如图4-2所示。

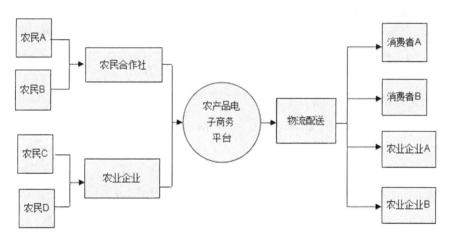

图 4-2　农产品电子商务平台供应链

越来越多的省市根据自身农产品的特色，与各大知名电商合作，共建电子商务平台。如淘宝网的"特色中国"板块，云集了全国各地的特色农产品、土特产，它是典型的"农民专业合作社＋电子商务"的运作模式，不仅扩大了农产品的销路、推动了当地农村富余劳动力的就业，并且提供电商操作的相关培训课程，提高了当地农民的电子商务营销能力。

对于农产品生产加工企业来说，可直接依托第三方 B2B 平台实施农产品电子商务。可选择以下几种渠道。

第一是政府农业部门综合类网站，适合发布农产品的供求信息，强化对农业、农村和农产品进行宣传。特点是可以长时间进行农产品宣传，一般收费较低或者不收费，但更新速度较慢。

第二是淘宝、易趣、阿里巴巴等综合类电子商务网站，可以直接进行网上交易，开展产品的在线宣传、推广和直接销售。这些综合类电子商务网站的服务相对较周到和便利，适合经营各种农产品，但收费一般比较高。

第三是专业化电子商务平台，建设一个集网上农产品信息服务、贸易洽谈、竞价交易、电子结算、物流配送、交收服务、后台管理等功能于一体的农产品专业化电子商务平台，能为农产品流通提供政府监管、质量安全追溯等解决方案，农民专业合作社作为一个市场主体以会员方式加入专业化电子商务服务平台，可以方便快捷地进行各种产品信息的发布和收集、在线洽谈、实体销售、网上结算、快速储运等网络全面融合的服务，积极推进形成农产品全国性的大生产、大流通格局。

（六）农产品保险合作社

1. 定义与功能

保险合作社是合作制保险形式之一，目前全球具有影响力的保险合作社有美国的蓝十字与蓝盾协会（Blue Cross and Blue Sield Association）等。这种组织形式分布于 30 多个国家，其中英国的数量最多。农业保险合作社是在一定区域内建立起来的、由参保的农户为主体、不以营利为目的的组织，农户加入合作社时须认缴一定金额的股本，投保时缴纳保险费。保险合作社自主经营、自负盈亏，成员有权参与日常的经营管理，业务结余留在社内归全体成员所有。作为一种风险共担、利益共享的非营利性互助合作组织，保险合作社相对于商业保险公司而言在经营农业保险方面具备许多优势，并成为法国、德国、日本等国家农业保险的经营模式。

2. 发展历程与特点

农业保险合作社在许多国家推广并取得成功经验，但各国国情不同，具体操作上各具特色。例如，法国主要由农户自愿组成合作社，日本是在政府大力支持下成立农业共济组合。保险合作社能够容纳不同水平的生产力，尤其是在解决我国农业保险供求不足方面具有明显的优越性，因此这种组织形式很适合我国当前农村经济发展水平，是发展我国农业保险理想的组织模式，但由于长期以来我国农村自治并不成熟，完全依靠农户组织保险合作社可能会遇到一些障碍，因此应在各级政府的引导和扶持下，立足于自身特点，建立和发展适合我国国情的保险合作组织。

目前，我国大部分粮食品种已经放开价格，棉花也逐步实现市场化改革，市场经济活动无不充满了风险和不确定性，尤其是农产品，生产周期长，受天气影响很大，天灾减产无收，丰收了粮多价贱愁卖，市场价格波动给农民的利益造成了很大风险，特别是我国加入 WTO 以后，农民面临国内、国外两个市场的竞争，价格波动更加剧烈。

农民与商业性的公司一样，能够通过期货市场进行套期保值，来分散农产品价格风险。发展农产品期货合作组织是目前发达国家常用的做法，美国、日本都有农民合作社，为农民利用期货市场规避风险提供了便利条件。美国农民参与期货市场的方式有多种，大的农场主资金实力雄厚，信息来源充足，可以直接参与期货市场，但大多数农民则是通过合作社的形式间接参与期货市场。据统计，美国目前有近 2000 个谷物合作社，控制了国内谷物销售量的 60%。农民一般预先和合作社签订合同，将粮食按某一约定价格销售给合作社，合作社则通过期货市场规避价格风险。

3. 案例分析——合作社利用期货进行农产品价格保险

农民利用期货市场的关键是把分散的农民组织起来参与期货市场，从而解决小生产同大市场之间的矛盾。我国农民无论是从知识层次上，还是资金实力上，都不具备直接参与期货市场的条件。因此，我们可以借鉴国外经验，根据当地的资源优势和农业发展的特点，鼓励农民成立各种不同类型的农产品期货合作组织，由农民自己经营管理，把分散的农民组织起来。合作社可以帮助农民利用期货市场规避风险，并为农民提供更多的市场信息和有价值的建议。

一般来说，在中国特色的农产品价格保险的运作模式中，参与主体有保险公司、普通农户或农业合作社等新型农业经营主体、企业、期货公司，还有相关政府部门，如图 4-3 所示。

首先，农户或农业合作社等新型农业经营主体向保险公司缴纳保费，针对其种植或持有的农产品类型向保险公司购买该种农产品的价格保险，把未来可能会出现的价格下降的风险转移给保险公司，政府可以对农户的保费提供补贴；其次，保险公司向期货公司缴纳权利金，用来购买期货公司所开发的该品种农产品的场外看跌期权，进行"再保险"，一旦赔偿风险发生时就可以进行对冲。期货公司获得了期权收益，并利用自身的专业优势，将场外期权转换成场内期货，把所承担的风险转移和分散到期货市场中。

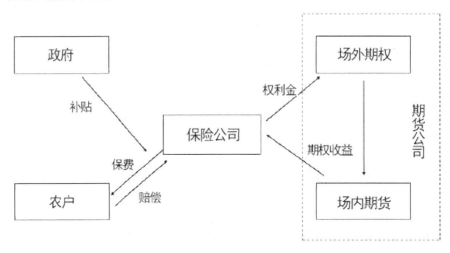

图 4－3　中国特色的"保险＋期货"模式运行机制

在该创新模式的探索和运作中，保险公司是主要核心，期货交易所和政府是积极推动该模式长期发展的源动力。在该模式下，农户的利益不仅得到了保障，更推动了保险公司与期货公司的可持续发展，促进了我国农产品价格机制的形成和农业现代化发展需求的完善。通过"保险＋期货"模式，最终的结果是风险被分散，农户、保险公司、期货公司三方共同受益，首先，对农户来说，缴纳少量的保费，避免未来农产品价格下跌的损失。其次，对保险公司来说，保险公司对农产品的经营主体提供了一个价格保险，在这个保险下，如果农产品的价格在销售期内下跌到了被保护的价格之下，保险公司将对农户进行理赔，保险公司的损失可以由期货公司的风险对冲业务得到保护。

从期货公司方面看，这个模式有利于扩展期货公司的业务，其在接受保险公司购买的场外期权后，利用专业能力将期权头寸进行风险对冲，充分发挥期货市场风险管理的职能。

人保财险与永安期货的合作流程和运作方案如图4－4所示，由合作社与吉林云天化之间签订采购协议，吉林云天化公司为合作社提供种子和销售保障；同时吉林云天化公司又作为投保人向吉林人保财险购买玉米价格保险。人保财险方面承担了价格风险，向永安期货风险子公司永安资本购买场外看跌期权，实现玉米价格保险的"再保险"，永安资本再到期货市场上进行套期保值，实现风险对冲，将种植户遭受的玉米价格下跌风险转移到资本市场，实现了风险分散。本案例的保险标的为大商所玉米期货合约。在本案例中，农民不需要花费任何保险费用，共保障玉米规模为2.2万吨，承保金额达3700万元。

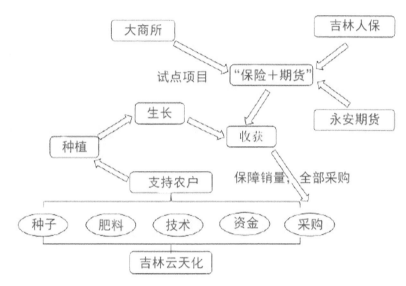

图4－4 人保财险与永安期货"保险＋期货"模式合作案例

（七）乡村文化旅游合作社

1. 定义与功能

为实现乡村旅游可持续发展，乡村旅游合作社应运而生。乡村旅游合作社是指以农事生产为基础，占有相关资源的农户在自愿联合、民主管理的基础上建立的互助性经济组织。

乡村文化旅游合作社主要有两种合作类型。一是实物合作，即以乡村旅游发展依托的实际存在的有形事物为入股要素进行合作，其主要包括三个方面：一、旅游资源，如属于农户私有的特色建筑、田园菜畦等；二、旅游生产要素，如土地、房屋等，对其加以征用和改造，从而使其成为旅游接待设施；三、其他相关资源，如豆腐作坊，旅游者对乡村豆腐坊生产的豆腐情有独钟，开展乡村旅游时将其作为必不可少的饮食类别，因而，可以考虑将豆腐作坊纳入乡村旅游合作社。依托实物是开展乡村旅游合作的基础。二是文化合作，将文化纳入合作范围能够有效提升乡村旅游文化内涵。文化合作具有两层含义：一方面是指文化艺术载体以产品形式参与合作，如木版年画的印制、竹工艺品的编制等；另一方面是指具有某种文化艺术表演能力的人，如皮影戏的传承者，民族舞蹈的表演者，其可以通过艺术表演而加入乡村旅游合作社。文化合作是乡村旅游合作的提升。

2. 发展历程与特点

2015年，中共中央、国务院印发《关于深化供销合作社综合改革的决定》，指出要发挥供销合作社的优势，大力发展生态养生、休闲观光、乡村旅游等新兴服务业。党的十九大提出在有条件的地区因地制宜发展乡村休闲旅游是促进乡村产业转型，改善乡村人居环境的重要手段，也是推动乡村现代化进程，促进城乡融合发展，实现乡村振兴的重要突破点。农村文旅合作社作为新型农业经营主体在推动乡村旅游业发展和乡村振兴战略中发挥了积极的作用。我国乡村地理位置偏僻、资金短缺、技术落后，文旅业经营主体规模较小，分布不均，缺少横向联合。乡村文旅产业发展需要建立新的经营体系、探索新的利益联结机制。

乡村文化旅游需要在政府支持下，由合作社牵头，促使乡村旅游在以下方面发力。首先，获得财政支持，如政府对乡村旅游合作社予以适度的财政补贴，在税收、金融等方面给予一定的优惠政策，解决乡村旅游合作社发展中的资金问题；其次，享受惠农政策，如政府对乡村旅游制定统一的营销战略，对乡村旅游资源进行统一推广，从而为乡村旅游发展扩大宣传，节约成本；最后，接受培训教育，政府组织专家学者对乡村旅游合作社提供一定的智力支持，对服务人员进行培训和教育，从而提高合作社工作人员的综合素质。

乡村文化旅游合作社也需要企业的参与。企业参与乡村旅游合作社运作应当是全方位的，首先，参与融资，为乡村旅游合作社运营提供一定的资金支持；其次，参与生产，提升乡村旅游合作社竞争力，引导乡村旅游企业做大做强；最后，参与管理，以企业管理的视角，指导合作社成员规范化生产运营。

乡村文旅合作社体系由产业共建社、资金信用社、土地股份社、技术共享社和电商服务社5个合作社组成（见图4—5）。文旅合作社的多社体系是由乡村文化和旅游产业发展特点决定的。文化和旅游产业的高质量发展需要整合当地的土地、资金、村民、资源、技术、营销平台，并且产业链长、环节多，单一的农民合作社无法起到有效的支撑作用。

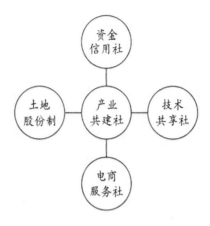

图4-5　"五位一体"文旅合作社体系图

新型农村文旅合作社应以组织结构为基础，以多元主体为动力，以文旅等产业项目为依托，以利益分配为核心，以政策法规为保障，以现代科技为支撑，立足当地自然资源和文化资源条件，创新文旅等产业路径，通过促进农村经济产业发展，提高农民主体地位，增强民主和组织意识，复兴优秀乡土文化，加强农村基础设施和公共服务建设以及有效改善农村地区的生活环境和增加就业机会，从而增加农村地区发展的内生动力和可持续发展能力，推动实现乡村振兴。

(八) 农业社会化服务合作社

1. 定义与功能

近年来，依托供销合作社系统的农资经营网点、农村综合服务中心、庄稼医院，各地积极培育以农业社会化服务合作社和社有企业为代表的新型农业经营主体，聚焦服务"三农"，推动社有企业改革发展，推进传统社有企业向农业生产综合服务商转型，努力把分散弱小的农户结成利益共同体，有效提高了农业生产组织化程度，增强了抵御市场风险能力，对保障粮食安全、促进农民持续增收、促进现代农业发展、助力乡村振兴发挥了积极作用。

2. 农业社会化服务合作社类型

（1）农机合作社

随着工业化的发展，农业机械逐渐进入市场，现已变成了农业生产中不可或缺的一部分。近年来，随着政府部门愈加重视农机化发展，通过不断加大扶持政策、进行农机推广，带动农民的购买热情，提高农业生产效率和人均收入，使农机化水平显著提高。

虽说农机得到了普及，但是受各种因素制约，每个农户不可能拥有各种功能的农机产品，大多数农户是单机作业，这就是全程机械化的主要制约因素。而农机合作社有如一个农机"超市"，可以把各种不同型号、不同功能的农机有效组合起来，进行统一安排管理。进而有效开展从耕整、种植到收获一系列全程机械化服务。

农机合作社能有效整合农机资源。农机资源得到了整合，不仅提高了农机使用率，因闲置、无序竞争而带来的问题也得到改善。农机合作社作为农机资源的基地，根据作物成熟的先后实际情况，统筹部署，组织连片作业，提高作业效率。如"三夏"的到来，农机合作社组织开展跨区作业，不仅为粮食丰收提供保障，还增加了农民的经济收入，增产增收得到双重保障。

农机合作社为农民与政府搭建桥梁。在生产过程中社员出现的一些问题，农机合作社可以有效地传达给政府部门，政府部门能对实际问题得到进一步了解，从而制定更好的完善政策，对决策进行贯彻落实。合作社根据政府颁布的政策进行宣传并推行，使农民从中获益。

（2）测土施肥合作社

测土施肥合作社主要由土肥技术人员、农资供应人员、配方专用肥生产企业、施肥作业人员、种粮大户、种植业生产合作社组成。主要任务除开展统一施肥等作业任务外，还包括及时向社员提供最新土肥信息、开展市场土肥信息与技术的收集和交流、为社员建立健康档案、为社员提供肥害补救措施等内容。合作社将把这些力量整合起来，织成一张科技网，从而最大限度地发挥土肥社会化服务功能。

测土施肥合作社的创建，把土壤监测体系、科研单位的配方专用肥技术、市场化运作的专用肥生产企业、连锁经营的农资供应网络、统一施肥的社会化服务组织等公益型服务有机地结合起来，构建新型的土肥社会化服务体系，真正把社会化服务的功能最大限度地发挥出来，对农业生产效率等方面的提高有着积极的影响。

（3）农村劳务合作社

农村劳务合作社是由农村居民经济合作社或社会团体作为成立发起人，主要吸收有劳动能力但难以寻找到合适就业岗位的农村闲置劳动力参加的一种新型合作经济组织。这种以农村富余劳动力、失地农民的劳动合作为基础成立的农业合作经济组织，旨在把农村富余劳动力和失地农民的就业与土地规模经营业主、企业劳动用工、现代农业技能要求统筹兼顾起来，以农业劳务合作社为载体，实现劳资双方无缝对接，合作共赢，通过这种农业生产方式的转变，能有效解决农业业主生产管理环节的"瓶颈"，积极探索出一条农民"自我管理、自我服务、自我提升"的有效途径。

随着土地规模化经营和农村青壮年劳动力向二、三产业转移的转移，农业社会化服务体系滞后的问题日渐凸显：一方面，土地流转规模化经营，农村出现季节性用工难和社会服务用工难问题；另一方面，随着青壮劳动力向二、三产业的转移，农村富余劳动力大部分是老人、妇女或儿童，存在就业困难问题。这就催生了对劳务合作社发展的需求性。

农村劳务合作社不仅是市场经济主体，同时具有明显的公益性质，相关部门在技术上免费提供咨询，在装备上给予政策补贴，在税收上地方留成部分给予合作社以奖代补，在同等条件下，优先将就业机会提供给劳务合作社，提高对外承揽劳务工程的市场竞争力。江苏省太仓市通过探索和发展农民劳务合作社，将农村闲置劳动力农民组织起来，承接城市绿化工程、道路养护、物业管理、农业生产服务等工作，在解决这个问题上做出了卓有成效的探索实践。

在实践中，劳务合作社发挥的功能主要有以下几方面：一是开展劳务输出，通过组织开展农村"失地留守弱劳动力"培训技能，有组织地向从事种植业、养殖业、加工业的业主输送劳务，开展定向、订单式用工服务；二是承包劳务技术，承包种植业、养殖业、加工业业主的劳动用工、技术管理、市场信息"一条龙作业"；三是承接专业和岗位培训，农业劳务合作社对农民进行现代农业所需的技术、技能、专业、信息等资质培训，通过考试颁发劳动技能证书，实行持证上岗。

（九）中华全国手工业合作总社

1. 定义与功能

中华全国手工业合作总社是在党中央、国务院的领导下，由各类城镇集体工业联社、手工业合作联社和其他集体经济组织组成的全国性的联合经济组织，是各级联社及其他成员单位的指导和服务机构。

中华全国手工业合作总社指导成员单位和集体企业，深化改革，发展多种形式的集体经济，互助合作，实现劳动者的共同富裕。总社实行自愿、自主、合作、互利、民主、平等的原则，以指导、维护、监督、协调、服务为基本职能，搞好资产运营，增强经济实力，强化服务功能，成为联系政府与企业的桥梁和纽带。总社及其各级联社依法具有独立的法人地位，是本级社资产所有者代表，其合法权益受国家法律保护。

2. 发展历程与特点

中华全国手工业合作总社于1957年成立，是在党中央、国务院领导下，由全国各省、自治区、直辖市联社及其集体工业经济联合组织组成的集体所有制经济联合组织。总社的主要职能是按照建立现代企业制度和把集体企业真正办成职工（社员）自己的企业要求，组织、推动城镇集体（合作）企业改革与发展，以适应社会主义市场经济发展的需要；组织指导发展新型的集体企业、合作制企业及家庭手工业，吸纳就业人员，维护社会稳定；组织成员单位开展互助合作活动，为成员单位提供供销、技术、信息、资金融通、法律咨询、人才培训等各项服务，帮助其提高素质和整体效益等。中华全国手工业合作总社及其所属各级联社已逐渐成为集体企业改革和发展的指导和组织者，集体经济政策的建议和协调者，集体资产的管理和维护者，政府与企业之间的桥梁和服务者。

2011年，中华全国手工业合作总社第七次代表大会审议并一致通过了《中华全国手工业合作总社章程（修正案）》，决定正式颁布施行。中华全国手工业合作总社下属各级联社第七届理事会常务理事的各级联社名单见表4—3。

表 4-3　中华全国手工业合作总社下属各级联社第七届常务理事单位

上海市			黑龙江省	
上海市城镇工业合作联社	上海市生产服务合作联社	上海市工业合作联社	哈尔滨轻工集体企业联社	黑龙江省二轻集体企业联社
辽宁省			河北省	
沈阳市轻工集体工业联社	辽宁省城镇集体工业联社	大连市轻工集体工业联社	河北省轻工集体工业联社	
甘肃省			宁夏回族自治区	
甘肃省手工业联社			宁夏回族自治区工业合作联社	
四川省			吉林省	
四川省工业合作联社		成都市工业合作联社	长春市手工业合作联社	
江苏省			海南省	
江苏省城镇集体工业联社		南京市城镇集体企业联社	海南省二轻集体企业联社	
广东省			天津市	
广州市二轻集体企业联社		广东省城镇集体企业联社	天津市城市集体经济联合会	天津市二轻集体工业联社
北京市			福建省	
北京市手工业生产合作社联合总社			厦门市二轻集体企业联社	福建省城镇集体工业联合社
云南省			山西省	
云南省城镇集体企业联社			山西省城镇集体工业联合社	
重庆市			浙江省	
重庆市工业合作联社			浙江省手工业合作社联合社	杭州市手工业合作社联合社
青海省			山东省	
青海省手工业合作社联合社			山东省轻工集体企业联社	青岛市二轻集体企业联社
湖北省			湖南省	
武汉市工业合作联社			湖南省城镇集体工业联社	

陕西省	陕西省
陕西省手工业合作社联合社	西安市工业合作联社
江西省	广西壮族自治区
江西省手工业合作联社	广西二轻工业联社

资料来源：根据《中国集体经济》2021 年第 6 期整理。

（十）中国工合国际

1. 定义与功能

中国工合国际委员会（International Committee for the Promotion of Chinese Industrial Cooperatives），简称工合国际（ICCIC），是国内现存历史最悠久的全国性社会组织和国际性社团组织。

组织的宗旨是：促进城乡合作社的发展，通过合作社实现经济与社会公平，缩小贫富差距，建设和谐社会。具体任务包括：宣传和推行国际通行的合作社原则，探索适合中国国情的合作社发展道路；促进各种类型和各种形式的合作社组织的发展；推动合作社法规、政策的调整和完善，为合作社发展营造良好的政策和法律环境；开展合作社教育和培训；提供合作社咨询服务，促进合作社支持系统的建立和发展；支持合作社理论与实践的研究；加强国际联系，促进国内外合作社交流与合作，争取对中国合作社发展的国际支援；关注和致力于减少贫困、妇女参与、生态环境保护、灾后救助、食品安全和行业自律等公益事业。

2. 发展历程与特点

工合国际是由海内外关心中国社会主义现代化建设和热心促进合作社事业的合作社工作者、专家、学者和各界人士组成的国际性民间团体，在民政部注册登记，具有社团法人资格。工合国际力求使国际合作社联盟的七项原则与中国国情有机结合，为中国新时期的现代化建设服务。

工合国际传承的是路易·艾黎等创始人倡导的"努力干、一起干"的互助合作精神，而在时空转换的当下，工合国际与时俱进，开拓创新特点的发展理念、工作目标、组织架构和运行模式。

当年为支援中国人民抗日战争，争取海外援助，促进中国工业合作社运动，宋庆龄与国际友人发起，1939 年在中国香港成立中国工合国际委员会。1952 年因全国合作总社成立等，工合国际停止活动。1987 年为配合国家改革开放发展战略而恢复，1988 年党中央明确规定工合国际统战等工作由中共中央统战部指导，主要从事促进城乡合作社发展、促进国内外合作事业、扶贫、妇女培训、生态环境、灾后重建等社会公益事业。

自 1987 年在北京恢复组织活动以来，中国工合国际近年来为改革开放事业再做贡献。例如，支持各地合作社的发展，组织合作社培训，促进合作社规范化建设，执行生态环境项目，实施妇女发展项目，援助灾后重建，开展国际交往，等等。

三、合作经济组织的发展趋势分析

（一）合作经济组织面临的局限与不足

合作经济组织在各自领域发挥独特优势，服务于农民生产生活，但又有明显的局限与不足。

首先，很多合作经济组织的所有制形式、法人治理结构、合作经济组织目标、收益分配等都与合作制原则有明显差异，与农民和社员缺少利益联结，只有买卖关系、服务与被服务的关系。加之各类合作经济组织改革成效不一、分化严重，缺少活力与服务能力，难以承担国家队的责任。这不仅影响自身的生存发展，还影响乡村振兴的进程与质量。

其次，合作经济组织普遍存在规模偏小、治理机制不完善、发展质量不高、带动能力不强等问题，又有数量不等的"伪合作社""空壳合作社"等问题，加之合作社不成系统，缺乏横向联系，供应链产业链延伸滞后，自身生存都有问题，更谈不上带领农民致富。例如，村级经济合作社大多与村委会合在一起，多数有集体无资产，自身又缺乏市场主体资格，发挥不了多大作用，削弱了"统"的功能，多数小农处于自生自灭状态。这些发育不全的合作社，有的名不副实，有的徒有虚名，有的功能单一，有的改革滞后，内部缺乏活力，外部没有竞争力。

最后，合作经济组织之间也存在体制障碍，协调配合难，所谓合作社不合作、联合社不联合。时至今日，虽然合作经济组织有了一定的发展，但市场经济条件下的三位一体合作经济组织体系仍未完全建立，引发了多种多样的问题。

（二）合作经济组织的发展趋势分析

合作经济组织的高质量发展，关系到农村基本经营制度的稳定与完善，关系到农村的经济发展与社会发展，关系到农民的收入与转型发展。因此，推进合作经济组织高质量发展就成为新发展阶段的时代主题，成为建设农业强国的关键环节。推进合作经济组织的高质量发展要紧扣建设农业强国的目标，从我国基本国情农情出发，顺应中国式现代化的发展趋势，整合资源，优化环境，融合发展，为乡村振兴注入动力。

一要发挥农民的主体作用。农民的主体作用是组织的灵魂。根据现代农民发展的趋势，合理界定合作社的成员资格，增强农民的职业归属感，增强合作社成员的"共同需求"；充分尊重农民的自主选择，坚持入社自愿、退社自由的原则，坚持民主管理的方针，让农民真正成为合作社的主人；帮助农民摒弃封闭、保守的小农意识，确立市场观念、法治观念、权利义务观念，强化契约精神，不断增强农民的自主性。

二要发挥政府的引导作用。政府要从坚持与完善农村基本经营制度，加快建设农业强国，促进乡村振兴的高度，综合运用行政、法律与经济手段，引导与规范合作社发展，适时修改法律法规，简化审批程序，降低登记门槛，放宽经营范围，清理僵尸合作社，完善扶持政策，不断优化合作社发展的外部环境与法治环境。

三要优化治理机制。合作制不同于公司制，有自身独特的治理机制，要通过合作制原则，把分散小农吸纳到合作经济组织体系中来，与之结成利益共同体，使分散小农因组织优势获得服务供给，分享盈余与利益，把小农户纳入现代农业发展轨道；要按照合作制原则完善合作社章程，坚持民主管理原则，规范各类管理制度，提高治理水平。

四要加快融合发展。顺应城乡融合与产业融合的趋势，推进多形式、多层次的融合，形成规模优势与组织优势；不同类别的合作经济组织要以资本、品牌、业务为纽带开展联合合作，构建上下贯通的经营服务体系；要以产业项目为依托，以产业化经营为纽带，按照分工协作的要求，在产业链的不同环节发挥优势，共同分享经济利益，拉长产业链，打造价值链，推动一、二、三产业融合、线上线下融合，壮大合作经济实力，提高经营服务水平。

第五部分　家庭农场发展研究报告

一、我国家庭农场发展的政策梳理

2008 年党的十七届三中全会报告《中共中央关于推进农村改革发展若干重大问题的决定》中首次出现了"家庭农场"的概念，将家庭农场作为农业规模经营主体之一提出。报告提到，有条件的地方可以发展专业大户、家庭农场、农民专业合作社等规模经营主体。我国家庭农场的发展政策在近年来经历了显著的演变和发展，自 2013 年起，中央一号文件等政策文件多次对家庭农场的培育和发展作出部署，标志着政策体系和管理制度的不断完善。2013 年中央一号文件《中共中央国务院关于加快发展现代农业进一步增强农村发展活力的若干意见》中，家庭农场的地位得到了进一步的强调，明确提出鼓励和支持承包土地向专业大户、家庭农场、农民合作社流转。2014 年，原农业部发布《关于促进家庭农场发展的指导意见》，首次在国家文件中对家庭农场进行了详细的概念和特征界定，明确指出家庭农场是经营者"主要是农民或其他长期从事农业生产的人员"、生产经营活动"主要依靠家庭成员而不是依靠雇工"、主要收入来源为"农业经营收入"的农户家庭经营方式。强调了发展家庭农场的重要意义，明确了家庭农场的特征和工作指导要求，如坚持家庭经营在农村基本经营制度中的基础地位，鼓励有长期稳定务农意愿的农户适度扩大经营规模，发展多种类型的家庭农场等。2019 年中央农办等 11 个部委印发《关于实施家庭农场培育计划的指导意见》，提出了到 2020 年和 2022 年支持家庭农场发展的政策体系和管理制度的目标，包括完善登记和名录管理制度、合理确定经营规模等。2020 年农业农村部印发《新型农业经营主体和服务主体高质量发展规划（2020—2022 年）》，其中特别强调了加快培育发展家庭农场的重要性，包括完善家庭农场名录管理制度、加大家庭农场示范创建力度、强化家庭农场指导服务扶持等。2022年农业农村部发布《关于实施新型农业经营主体提升行动的通知》，明确了到"十四五"末家庭农场等新型农业经营主体发展的总体规划和主要目标；建立家庭农场"一码通"管理服务机制；建立家庭农场规范运营制度；鼓励有长期稳定务农意愿的农户适度扩大经营规模，成长为家庭农场等。2024年农业农村部印发《农业农村部关于落实中共中央、国务院关于学习运用"千村示范、万村整治"工程经验有力有效推进乡村全面振兴工作部署的实施意见》，该意见提出开展新型农业经营主体提质强能整建制推进试点，创建一批农民合作社示范社和示范家庭农场，支持家庭农场组建农民合作社，全面实行家庭农场"一码通"管理服务制度。综上所述，我国家庭农场的发展政策在近年来不断深化和完善，反映了对家庭农场发展的高度重视，旨在推动农业现代化，提高农业综合效益和竞争力，促进乡村振兴。相关文件及表述如表5-1所示。

表5-1我国家庭农场发展的政策梳理

年份	政策文件	相关表述
2008	《中共中央关于推进农村改革发展若干重大问题的决定》	有条件的地方可以发展专业大户、家庭农场、农民专业合作社等规模经营主体
2013	《中共中央 国务院关于加快发展现代农业进一步增强农村发展活力的若干意见》	鼓励和支持承包土地向专业大户、家庭农场、农民合作社流转，发展多种形式的适度规模经营
2014	《关于促进家庭农场发展的指导意见》	强调了发展家庭农场的重要意义，明确了家庭农场的特征和工作指导要求，如坚持家庭经营在农村基本经营制度中的基础地位，鼓励有长期稳定务农意愿的农户适度扩大经营规模，发展多种类型的家庭农场等

年份	政策文件	相关表述
2017	《中共中央　国务院关于深入推进农业供给侧结构性改革 加快培育农业农村发展新动能的若干意见》	积极发展适度规模经营，完善家庭农场认定办法，扶持规模适度的家庭农场；支持农技推广人员与家庭农场、农民合作社、龙头企业开展技术合作；支持家庭农场、农民合作社科学储粮
2017	《关于加快构建政策体系培育新型农业经营主体的意见》	支持发展规模适度的农户家庭农场和种养大户；鼓励农户家庭农场使用规范的生产记录和财务收支记录，提高标准化生产和经营管理水平；完善家庭农场认定办法
2019	《关于促进小农户和现代农业发展有机衔接的意见》	启动家庭农场培育计划。采取优先承租流转土地、提供贴息贷款、加强技术服务等方式，鼓励有长期稳定务农意愿的小农户稳步扩大规模，培育一批规模适度、生产集约、管理先进、效益明显的农户家庭农场
2019	《关于实施家庭农场培育计划的指导意见》	提出了到 2020 年和 2022 年支持家庭农场发展的政策体系和管理制度的目标，包括完善登记和名录管理制度、合理确定经营规模等

年份	政策文件	相关表述
2020	《新型农业经营主体和服务主体高质量发展规划（2020—2022 年）》	明确了新型农业经营主体和服务主体的发展方向和重点任务，包括完善家庭农场名录管理制度、加大家庭农场示范创建力度、强化家庭农场指导服务扶持等
2022	《关于实施新型农业经营主体提升行动的通知》	明确了到"十四五"末家庭农场等新型农业经营主体发展的总体规划和主要目标；建立家庭农场"一码通"管理服务机制；建立家庭农场规范运营制度；鼓励有长期稳定务农意愿的农户适度扩大经营规模，成长为家庭农场等
2024	《农业农村部关于落实中共中央 国务院关于学习运用"千村示范、万村整治"工程经验有力有效推进乡村全面振兴工作部署的实施意见》	提出了开展新型农业经营主体提质强能整建制推进试点，创建一批农民合作社示范社和示范家庭农场，支持家庭农场组建农民合作社；全面实行家庭农场"一码通"管理服务制度

资料来源：根据相关政策文件整理。

二、我国家庭农场发展的现状

近年来，我国家庭农场发展势头强劲，数量上实现了稳步增长，质量上得到显著提高，经营水平达到了新的高度。家庭农场已成为推动小农户与现代农业有机融合的关键力量，为我国农业的现代化转型注入了新的活力。

(一) 数量和质量快速提高

家庭农场整体数量快速增长,发展质量明显提高,如图5-1所示。截至2013年年底,原农业部共认定家庭农场7.23万个,其中被县级以上农业部门认定为示范性家庭农场6844个[①]。截至2023年10月末,纳入全国家庭农场名录管理的家庭农场近400万个,是2013年年底的55.3倍,其中全国县级及以上示范家庭农场达20.2万个,是2013年年底的29.5倍[②]

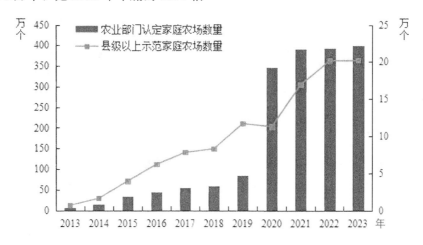

图5-1 全国家庭农场及示范家庭农场数量

不同地区家庭农场数量存在显著差异,如图5-2所示。截至2022年底,山东、黑龙江、内蒙古、河南、四川家庭农场数量较多,分别为57.85万个、41.58万个、27.43万个、26.04万个和22.58万个。在县级及以上农业农村部门评定的示范家庭农场数量上,四川、江苏、安徽、湖南、河北、山东、陕西示范农场数量较多,分别为3.55万个、2.36万个、1.29万个、1.23万个、1.03万个、0.99万个和0.97万个。从示范家庭农场数量占比来看,示范家庭农场数量占比较高的是四川、江苏、北京、陕西和贵州,分别为15.7%、14.0%、12.8%、10%和9.5%。

---

① 数据来源:历年《中国农村经营管理统计年报》《中国合作经济统计年报》,下同。
② 发挥新型农业经营主体带动效应(经济日报4月25日第8版)http://www.moa.gov.cn/ztzl/ymksn/jjrbbd/202404/t20240425_6454364.htm。

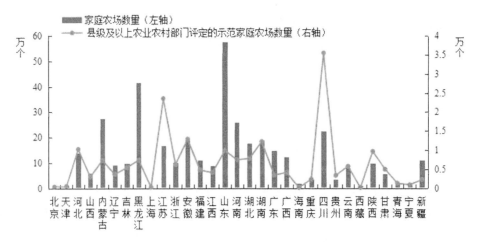

图5－2　各省（市）家庭农场及示范家庭农场数量

（二）行业结构更加多元

家庭农场经营范围逐步多元化，行业分布日益广泛，以种植业和畜牧业为主，种养结合迅速兴起，如图5－3所示。截至2022年年底，在全部家庭农场中，从事种植业的有258.79万个，占比65.8%；从事畜牧业的有71.67万个，占比18.2%；从事渔业的有18.37万个，占比4.7%；从事林业的有2.27万个，占比0.6%；从事种养结合的有32.38万个，占比8.2%；从事农业服务业的有1.09万个，占比0.3%；从事其他行业的有8.87万个，占比2.3%。

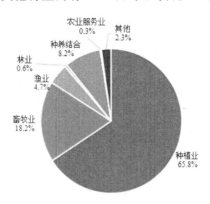

图5－3　家庭农场行业分布情况

（三）生产经营规模较大

截至 2022 年年底，全国家庭农场经营土地面积共计 6.98 亿亩，其中草地 3.47 亿亩，占比 49.7%；耕地 3.12 亿亩，占比 44.8%；林地 0.14 亿亩，占比 2.0%；水面 0.14 亿亩，占比 1.9%；园地 0.03 亿亩，占比 0.4%；其他 0.08 亿亩，占比 1.2%。可以看出，家庭农场经营土地规模较大，且经营土地类型以草地和耕地为主，如图 5－4 所示。

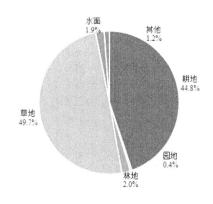

图 5－4　家庭农场经营土地类型分布情况

截至 2022 年年底，全国家庭农场平均经营规模达到 177.35 亩，分地区来看，青海、内蒙古、西藏、甘肃、新疆家庭农场平均经营规模显著高于全国平均水平，分别为 1690.47 亩、1086.13 亩、994.54 亩、625.47 亩、242.79 亩，家庭农场经营规模地区差异较大，且北方地区经营规模普遍大于南方。如图 5－5 所示。

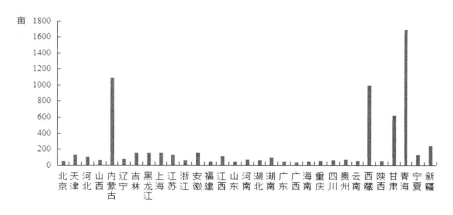

图 5－5　各省（市）家庭农场平均经营规模

目前，我国家庭农场经营的 3.12 亿亩耕地中，依靠土地流转所得耕地面积为 2.05 亿亩，占比 65.8%；家庭承包经营耕地面积为 0.73 亿亩，占比 23.4%。这表明我国家庭农场通过土地流转实现耕地规模经营。分地区来看，上海、江苏、河南、四川家庭农场耕地流转经营比例均超过了 85%，分别为 93.9%、93.8%、85.73%、85.22%，而北京、青海、西藏家庭农场耕地流转经营比例较低，分别为 7.9%、35.0%、37.6%。可以看出，南方地区家庭农场耕地流转经营比例普遍高于北方。如图 5-6 所示。

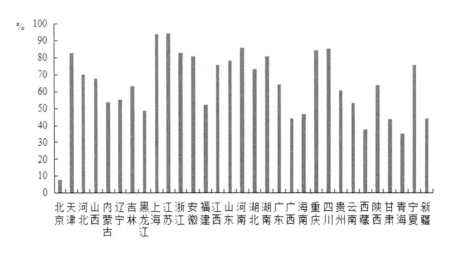

图 5-6 各省（市）家庭农场耕地流转经营比例

进一步分析粮食类家庭农场经营土地规模情况。其中，粮食类家庭农场经营规模 50～100 亩的有 59.68 万个，占比 44.9%；100～200 亩的有 43.46 万个，占比 32.7%；200～500 亩的有 24.60 万个，占比 18.5%；500 亩以上的有 5.04 万个，占比 3.8%。可以看出，粮食类家庭农场经营规模主要集中在 50～200 亩之间，占比达到 77.6%。如图 5-7 所示。

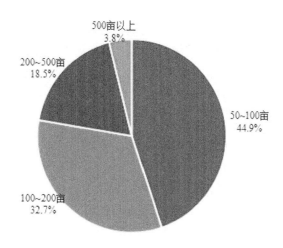

图 5－7　粮食类家庭农场经营土地规模分布情况

（四）经营水平不断提高

截至 2022 年年底，家庭农场平均年经营总收入高达 32.91 万元，家庭农场年经营总收入主要集中 30 万元以下。其中，年经营总收入 10 万元以下的家庭农场数量有 137.03 万个，占比 34.8％；10 万～30 万元的 173.76 万个，占比 44.2％；30 万～50 万元的有 42.29 万个，占比 10.7％；50 万元以上的有 40.35 万个，占比 10.3％。如图 5－8 所示。

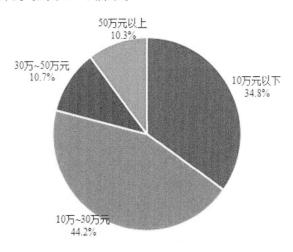

图 5－8　家庭农场年经营总收入情况

分地区来看，黑龙江、安徽、吉林、江苏、新疆、宁夏、天津、福建家庭农场平均年经营总收入显著高于全国平均水平，分别为 55.25 万元、51.23 万元、48.37 万元、46.65 万元、44.65 万元、44.34 万元、41.33 万元、36.95 万元，如图 5－9 所示。

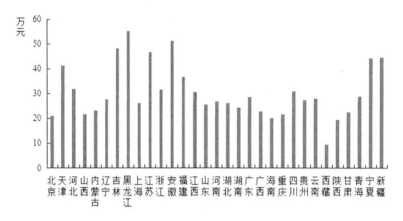

图 5－9　各省（市）家庭农场平均年经营总收入情况

从净利润来看，截至 2022 年底，家庭农场平均年净利润为 11.62 万元，其中，新疆、安徽、吉林、黑龙江、福建、江苏、宁夏、山东、河北、云南家庭农场平均年净利润显著高于全国平均水平，分别为 20.59 万元、17.10 万元、14.90 万元、14.10 万元、13.85 万元、13.59 万元、12.61 万元、12.20 万元、11.68 万元、11.64 万元。如图 5－10 所示。

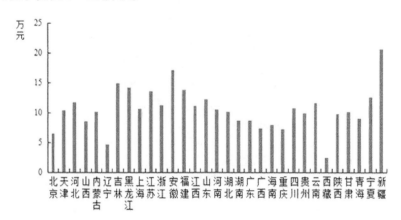

图 5－10　各省（市）家庭农场平均年净利润情况

三、我国家庭农场发展中存在的问题

（一）经营效益不高

一是生产成本较高。家庭农场以流转经营为主，近年来农村土地流转价格不断升高，土地成本的增加导致家庭农场的经营成本增加。同时，剩余青壮年劳动力大量转移，留守农业劳动力素质较低，影响农场经营效率。另外，农业投入品如化肥、农药、种子等价格的不断升高，也增加了家庭农场的生产成本。二是技术和管理水平不足。一些家庭农场主缺乏现代化的生产技术和管理经验，导致生产效率低下，农产品产量和质量无法得到有效保障。一些家庭农场主缺乏现代经营管理理念，对市场信息反应迟缓，难以适应市场变化，导致经济效益较差。三是抗风险能力弱。家庭农场在经营过程中面临着多种风险，如自然灾害、病虫害、市场波动等。由于规模较小、资金有限，家庭农场往往缺乏足够的抗风险能力，一旦遭遇风险，将对经营效益产生严重影响。四是销售渠道单一。家庭农场规模小，主要依赖传统的农产品市场或批发商进行销售，产品销售渠道受限，缺乏多元化的销售渠道，如电商平台、直销店等，难以形成规模化的销售网络，给家庭农场带来生产和经营压力。

（二）产业链条较短

家庭农场产业链延伸不足的表现主要体现在以下几个方面：一是农产品加工层次低。许多家庭农场还停留在初级农产品生产阶段，农产品主要以初级产品形式销售，缺乏对农产品的深加工和附加值提升。农产品加工链条短，产品附加值低，难以将生产、加工、销售等环节有效衔接起来，形成完整的产业链，难以满足市场对高品质、高附加值农产品的需求。这导致农产品的利润空间有限，难以提升家庭农场的整体收益。二是农业多功能性开发不足。家庭农场在农业多功能性开发方面存在不足，未能充分利用农业资源，发展休闲观光、生态农业、乡村旅游等新兴产业。这限制了家庭农场的收入来源，也影响了产业链的延伸。三是组织化程度不高。家庭农场在产业链延伸过程中，需要形成有效的组织合作机制。然而，由于当前家庭农场的组织化程度较低，缺乏有效的合作机制和平台，导致产业链各环节之间难以形成紧密的合作关系。

（三）品牌化建设滞后

家庭农场缺乏品牌意识和品牌建设能力，很多家庭农场没有建立自己的品牌或品牌知名度不高。截至 2022 年年底，我国家庭农场拥有注册商标的比例仅为 2.1%，经过农产品质量认证的家庭农场数量占比仅为 6.5%。一是品牌意识不强。部分家庭农场的经营者缺乏品牌建设的重要性和紧迫性认识，忽视了品牌对于提升产品附加值、增强市场竞争力的重要作用。这导致农产品在市场上的辨识度低，难以形成品牌效应和竞争优势。二是品牌建设投入不足。品牌化建设是一个系统工程，需要投入大量的人力、物力和财力。而一些家庭农场的经营规模较小，资金有限，难以承担品牌建设的初期投入成本，包括品牌策划、设计、包装及推广等方面的费用。三是缺乏专业运作能力。由于多数家庭农场的经营者受教育程度有限，缺乏市场营销和品牌管理的专业知识，导致在品牌建设过程中无法有效地进行市场调研、产品定位、品牌传播等工作，从而影响了品牌化建设的效果。

（四）社会化服务体系不完善

一是技术支持不足。家庭农场的发展需要农产品生命周期的全程指导性服务，但由于社会化服务体系不完善，缺乏专业的技术咨询和指导。目前，社会化服务主要停留在产前农用物资的供给上，对产中技术病虫害防治服务、产后的加工销售的社会化服务相对不足。二是金融服务不足。家庭农场在资金方面往往存在短板，多数家庭农场处于发展初级阶段，需要大量资金投入基础设施建设和生产。家庭农场缺乏抵押物，金融机构对家庭农场的支持力度有限。截至 2022 年年底，获得贷款支持的家庭农场数为 13.37 万个，仅占 3.4%；购买农业保险的家庭农场数为 162.36 万个，仅占 41.3%。家庭农场难以获得足够的信贷、融资和保险等金融服务，导致资金短缺问题难以解决，制约了家庭农场的发展。三是市场信息服务不足。许多家庭农场缺乏有效的信息获取渠道，导致它们难以获取最新的市场动态、价格信息和消费者需求，家庭农场在市场开拓方面缺乏有效的信息服务支持。由于社会化服务体系不完善，家庭农场难以获取准确的市场价格信息和流通信息，导致农产品销售不畅，甚至出现滞销的情况。四是专业人才缺乏。家庭农场在经营管理、农业生产、农产品加工等方面需要专业人才的支持。然而，目前家庭农场普遍存在人才资源匮乏的问题，导致其在技术创新、市场拓展等方面缺乏竞争力。

四、我国家庭农场发展的典型模式

目前，各地结合自身的资源优势和市场需求，积极探索和创新家庭农场的发展模式，形成了多种具有鲜明特色的经营模式，成为推动当地农业产业转型升级的重要力量。主要包括政府主导下的上海松江村集体承租模式、市场主导下的浙江宁波工商注册登记公司模式和市场引领政府扶持下的安徽郎溪示范家庭农场模式等。

（一）松江模式

上海市松江区作为一个工业化程度和城镇化水平较高的地区，面临着工业化进程中农业土地减少和农村人口老龄化的挑战。为了解决"谁来种田，怎么种田"的难题，保持农业的可持续发展，松江开始探索家庭农场生产经营模式。自 2007 年起，松江区通过政策扶持和资金支持，鼓励农民成立家庭农场，出台了一系列政策文件，如《松江区农委关于进一步规范家庭农场发展的意见》《松江区关于进一步促进家庭农场发展的意见》《松江区家庭农场考核奖励实施意见》，从家庭农场发展的总体要求、组建机制、准入条件、政策扶持等方面进行了规范和明确，为家庭农场的发展提供了政策保障。松江区家庭农场模式的关键运作步骤包括：首先，在政府的指导下，村民委员会充当中介角色，将农民拥有的耕地集中流转至村委会。其次，区政府对这些流转至村集体的土地进行标准化改造，使之成为符合高标准的农田。最后，依据既定条件，将这些经过整治的土地重新发包给新的承租人。

松江区对家庭农场的政策扶持措施主要包括土地流转、技术培训、市场准入、金融信贷等多个方面，帮助家庭农场解决经营中遇到的问题。一是土地流转。松江区鼓励家庭农场通过土地流转实现适度规模经营。承包地统一交由村委会统一流转，提供土地流转服务，规范流转程序，保障家庭农场的土地经营权。同时，政府还负责解决失地农民的社会保障问题，为家庭农场的发展提供了有力的支持。二是财政补贴。对符合条件的家庭农场，松江区给予一定的财政补贴。补贴范围包括农资购置、农业基础设施建设、农业保险等方面，以降低家庭农场的生产成本。三是贷款优惠。松江区为家庭农场提供贷款优惠政策，包括贷款利率优惠、贷款额度提高等。同时，政府还设立了农业担保基金，为家庭农场提供贷款担保服务。四是技术支持。政府组织农业专家和技术人员，为家庭农场提供技术培训和指导。同时，鼓励家庭农场与农业科研机构合作，引进新技术、新品种，提高农业生产效率和农产品质量。五是农业保险。松江区推行农业保险政策，鼓励家庭农场参加农业保险。政府对参保家庭农场给予一定的保费补贴，降低农业生产风险。六是市场拓展。政府帮助家庭农场拓展市场渠道，组织农产品展销活动，加强品牌建设，提高农产品的市场竞争力。七是社会保障。松江区鼓励家庭农场经营者参加城镇职工社会保险，并给予一定比例的财政补贴。这一措施为家庭农场主提供了社会保障，消除了他们的后顾之忧。

经过多年探索，松江区家庭农场的经营管理不断趋于成熟，在保护基本农田、改善生态环境、提高农村劳动生产率和资源利用率、促进农业发展方式转变和农民持续增收等方面发挥了重要作用。目前，松江区家庭农场涵盖了粮食生产、生猪养殖、蔬菜生产等多个领域，并形成了粮食生产、种养结合、机农结合、三位一体等主要经营形式。2022年，松江区有家庭农场819户，户均经营面积158.5亩，粮食总产量8.68万吨，亩均产量达572.2公斤，连续四年位居上海第一。2022年，松江家庭农场的户均收入数据显示，粮食生产型户均年收入为17万元，种养结合型户均年收入为29.42万元，机农结合型户均年收入为46.24万元，三位一体型户均收入为59.37万元。

（二）宁波模式

浙江省宁波市作为最早探索发展家庭农场的地区之一，其家庭农场的发展主要源于市场的自发性。20世纪90年代后期，一些种植、养殖大户自发或在政府引导下进行工商注册登记，从而演变成"家庭农场"。在市场经济发展的驱动下，于2001年在宁波市慈溪市诞生了浙江省首个家庭农场。宁波市家庭农场的发展模式在我国家庭农场领域具有一定的代表性和影响力。

宁波市家庭农场采取面向市场、公司化的治理方式，所有的家庭农场需到工商管理部门注册登记。宁波市家庭农场涵盖了多个农业领域，如蔬菜、水果、畜牧等，充分体现了其多元化的特点。宁波市家庭农场的经营规模主要在几十到几百亩之间，以小型和微型农场为主。其中，种植类农场生产规模基本在50亩到500亩之间，占90%以上。农场主综合素质较高，大多数宁波家庭农场的经营者都具备一定的文化程度和农业技术知识，这为家庭农场的发展提供了有力的人才保障。同时，一些农场还聘用了农业发展相关专业的大学生参与经营管理，进一步保障了农场的高效发展。

在市场主导下，宁波家庭农场模式非常重视科技创新、数字化转型和品牌建设，有效提高了农业生产的效率和产品的市场竞争力。一是科技创新与智能化应用。宁波家庭农场重视科技创新，通过与科研机构合作，推广新品种、新技术和新装备。例如，一些家庭农场采用了自动灌溉系统，大幅节省了时间和人力成本。此外，智能化系统的应用不仅提高了生产效率，还减少了成本。二是数字化转型。宁波市家庭农场在农业生产管理中积极采用数字化手段，如通过二维码溯源系统，使农业生产更加可视化、公开化。这种数字化转型不仅提高了管理效率，也增强了消费者对产品的信任。三是品牌建设与市场拓展。宁波市家庭农场注重品牌建设，通过标准化生产、统一化包装和电商化运营，增强了产品的市场竞争力。例如，使用区域农产品公用品牌，举办特色农产品推介活动，有效提升了产品的市场知名度和销售额。

（三）郎溪模式

郎溪县较早地进行了家庭农场经营探索，在家庭农场融资、注册、农场协会等方面进行了有益的实践。早在 2001 年，安徽省郎溪县就有了第一家家庭农场——绿丰家庭农场，其示范作用使周边农民看到了家庭农场的效益，推动了家庭农场的蓬勃发展。自 2007 年起，郎溪县便提出了大力培育以家庭农场为主要形式的新型农业生产经营主体的工作思路。2008 年，安徽省郎溪县农委召开了家庭农场研讨会，首次将家庭农场作为未来的农业经营主体来研究。自 2009 年起，依据国家相关政策性引导，逐渐实施土地流转，并建立了多个家庭农场。随后，政府出台了一系列政策文件，如《关于促进家庭农场持续健康发展的意见》《关于创新新型农业经营体系促进现代农业发展的若干意见》等，为家庭农场的发展提供了政策支持和引导。安徽郎溪家庭农场模式是一个具有显著特点和成效的农业经营模式。

郎溪县家庭农场发展紧密围绕市场需求进行。随着消费者对高品质、绿色生态农产品的需求日益增长。首先，郎溪县家庭农场积极响应农业供给侧结构性改革，调整种植结构，推广"农业产业改革五大行动"，包括发展再生稻种植、虾稻综合种养、"水稻＋"等高附加值绿色生态模式，以满足市场需求，提高农场主经济效益。其次，注重品牌建设，引入现代企业品牌建设理念，构建农产品从种植到销售的一体化经营。建立"一村一品"的家庭农场经营管理品牌模式，支持挖掘出以村为单位的特色农产品商标，通过打造具有地方特色的"郎溪大米"区域公共品牌，提升农产品的知名度和市场竞争力。最后，郎溪家庭农场积极探索产业链整合，实现从育秧、代耕、机插（播）到机（飞）防、收割、烘干、仓储等稻米产业全程机械化。这种全程机械化的服务模式，不仅提高了生产效率，也降低了生产成本，增强了市场竞争力。

郎溪县政府对家庭农场的发展给予了大力扶持，出台《郎溪县现代农业产业化联合体认定管理办法》，引导龙头企业、农民专业合作社和家庭农场组建产业联合体，建立利益共享、风险共担、相对稳定、相互协调的利益联结机制。一是政策优惠。郎溪县政府为支持家庭农场的发展，提供了财政补贴、税收优惠等政策支持。例如，自2009年起，郎溪县连续3年安排项目资金90万元，在全县优选10个家庭农场进行示范建设，每年为每个农场投入项目资金3万元。二是技术支持。政府通过组织职业农民培训、建立农技干部包保联系家庭农场制度等方式，提升农场主的专业技能和经营管理能力。此外，政府还引导农场主参加农产品展销会、农博会等活动，拓宽销售渠道。三是金融支持。政府协调金融机构创新金融产品，为农场主提供便捷、高效的金融服务。例如，推出"易富贷""易贷卡"等金融产品，解决农场主的资金问题。四是组织创新。郎溪县成立了"郎溪县家庭农场协会"，通过协会的平台作用，实现家庭农场之间的资源共享、信息互通和技术交流。协会还帮助农场主解决融资困难、提供技术培训和市场信息等服务。

五、进一步推动我国家庭农场发展的对策建议

（一）多渠道提升家庭农场经营效益

一是技术支持与培训。政府可以组织农业专家和技术人员，为家庭农场提供先进的农业生产技术，支持家庭农场引进新技术、新品种，推动农业现代化发展；开展家庭农场经营管理和技术培训，帮助家庭农场提高生产管理水平，提高家庭农场的生产效率和产品质量，通过培训，农场主可以更好地把握市场需求，调整种植结构，提高农产品的市场竞争力。二是积极与农业生产性服务组织合作。由服务组织

提供产前、产中、产后的生产性服务，帮助家庭农场降低成本、提高效率。三是市场拓展。政府可以协助家庭农场拓宽销售渠道，开展线上线下营销活动，如电商平台销售，组织农产品展销会、推介会等活动，提高农产品的知名度和市场占有率。四是组建合作联盟。通过建立家庭农场服务联盟，为家庭农场提供新品种、新技术和前沿信息服务，解决购买生产资料成本高、产品销售渠道不畅的问题。

（二）进一步延伸家庭农场产业链

一是推进资源整合与合作。推动家庭农场与农业龙头企业、农民专业合作社等组织进行合作，实现资源共享、优势互补。通过加入合作社，家庭农场可以与其他农场形成利益共同体，共享市场信息资源，在农产品的产供销各个环节提供包括资金、技术、生产资料等在内的社会化服务，实现农业产业化经营；家庭农场可以作为农业生产单元，与企业合作，企业负责农产品的收购、加工及储存，家庭农场专注于农业生产，实现企业和农场双赢。二是推动产业集群建设。推动农业产业集群发展，将家庭农场纳入产业集群中，实现产业链上下游的紧密合作和协同发展。通过产业集群的规模效应和协同效应，提高家庭农场的经营收益。三是发展农业观光与乡村旅游。结合家庭农场的自然资源和当地文化背景，发展农业观光和乡村旅游项目，如农家乐、农事体验、乡村民宿等，提高家庭农场的收益，实现产业增值；加强与旅行社、酒店等旅游相关企业的合作，拓宽客源市场，将家庭农场打造成为集观光、休闲、体验、教育等多功能于一体的乡村旅游目的地，实现农业与旅游业的深度融合。

（三）支持和引导家庭农场开展品牌化建设

一是建设农产品区域公用品牌。鼓励地方政府和行业协会根据不同地域特色，打造具有地域特色、产品特色鲜明、带动能力强大的农产品区域公用品牌。这些品牌应利用地理标志产品的命名地缘性，形成区域联合品牌，供家庭农场使用。二是政策优惠。通过提供财政补贴，鼓励家庭农场投入品牌化建设，具体补贴可以包括品牌建设费用、市场推广费用等，以降低家庭农场的品牌化建设成本；对进行品牌化建设的家庭农场给予税收优惠，如减免品牌商标注册费用、品牌宣传广告费用等税费，以减轻其经济负担。三是品牌宣传与推广。政府可以组织或支持举办品牌宣传活动，如农产品展销会、品牌推介会等，为小规模家庭农场提供展示和宣传的平台；利用媒体资源：政府可以协调媒体资源，对家庭农场的品牌进行宣传报道，提高品牌知名度和美誉度；搭建电商平台：政府可以搭建或支持搭建农产品电商平台，为家庭农场提供线上销售渠道，扩大品牌的影响力。四是技术支持与培训。政府可以组织专家团队，为家庭农场提供品牌建设的技术支持，如品牌策划、包装设计、营销策略等；组织品牌化建设相关的培训活动，提高家庭农场主的品牌意识和品牌建设能力。培训内容包括品牌建设理念、品牌建设方法、品牌建设案例等。五是推动家庭农场与其他主体开展合作。鼓励家庭农场与其他农场建立合作关系，共享资源、技术和市场渠道，提升整体品牌竞争力。鼓励家庭农场与农产品加工企业、销售企业等开展合作，共同打造农产品品牌，提高产品的附加值和市场竞争力。

（四）完善家庭农场社会化服务体系

一是加强政府引导和政策支持。政府应在家庭农场社会化服务中发挥主导作用，制定相关政策和规划，为服务体系的建设提供指导和支持；政府应加大对家庭农场社会化服务体系建设的资金投入，确保服务体系的稳定运营和持续发展；鼓励金融机构为家庭农场提供贷款支持，降低其融资成本。政府可以设立专项贷款基金或提供担保服务，帮助家庭农场解决资金问题。建立农业信贷担保体系，为家庭农场提供贷款担保服务，降低其贷款门槛和融资成本；对于参与家庭农场社会化服务的企业和机构，政府应给予税收优惠，鼓励其积极投入服务体系建设。二是推动市场主体参与。积极引入社会资本，鼓励企业、社会组织等参与家庭农场社会化服务体系建设，形成多元化服务供给格局；支持农民专业合作社、专业技术协会等服务组织的发展，提高服务质量和效率；促进政府、企业、社会组织等之间的合作与联动，形成服务合力，共同推动家庭农场社会化服务体系的发展。三是完善服务内容和方式。提供技术支持、资金支持、市场信息和销售服务等方面的全方位服务，为家庭农场提供全方位的服务支持；积极推广现代农业技术，如精准农业、智能农业等，提高农业生产效率和质量；通过线上线下相结合的方式，为家庭农场提供更加便捷、高效的服务。例如，利用互联网、大数据等技术手段，为家庭农场提供远程咨询、在线培训等服务。四是加强人才培养和引进。加大对家庭农场社会化服务人才的培养力度，提高其专业素质和服务能力；积极引进农业技术、管理等方面的专业人才，为家庭农场社会化服务体系提供智力支持。

附录：国家有关农村金融重大文件和法规演变

1951 年，中国人民银行：《农村信用合作社章程准则》《农村信用互助小组公约》。

1979 年，国务院：《关于恢复农业银行的通知》。

1981 年，国务院：《中国农业银行关于农村借贷问题的报告》。

1982 年，中共中央一号文件：《全国农村工作会议纪要》。

1983 年，中共中央一号文件：《当前农村经济政策的若干问题》。

1984 年，国务院：《中国农业银行关于改革信用社管理体制的报告》。

1984 年，中共中央一号文件：《关于 1984 年农村工作的通知》。

1985 年，中共中央一号文件：《关于进一步活跃农村经济的十项政策》。

1986 年，中共中央一号文件：《关于一九八六年农村工作的部署》。

1990 年，中国共产党第十三届中央委员会第八次全体会议：《中共中央关于进一步加强农业和农村工作的决定》。

1996 年，国务院：《关于农村金融体制改革的决定》。

1997 年，国务院：《关于金融体制改革的决定》。

1997 年，国务院：《关于农村金融体制改革的决定》。

2003 年，中共中央一号文件：《关于全面推进农村税费改革试点的意见》。

2003 年，国务院：《深化农村信用社改革试点方案》（国发〔2003〕15 号文件）。

2004 年，中共中央一号文件：《中共中央 国务院关于促进农民增加收入若干政策的意见》

2005 年，中共中央一号文件：《中共中央 国务院关于进一步加强农村工作提高农业综合生产能力若干政策的意见》。

2005 年，国务院：《关于 2005 年经济体制改革意见》。

2006 年，中央一号文件：《关于推进社会主义新农村建设的若干意见》。引导农户发展资金互助组织。

2006 年，银监会：《调整放宽农村地区银行业金融机构准入政策的若干意见》。

2007 年，《关于积极发展现代农业扎实推进社会主义新农村建设的若干意见》。

2008 年，《关于切实加强农业基础建设进一步促进农业发展农民增收的若干意见》。

2009 年，中央一号文件：《关于 2009 年促进农业稳定发展农民持续增收的若干意见》。加快发展多种形式的新型农村金融组织。

2010 年，中央一号文件：《关于加大统筹城乡发展力度进一步夯实农业农村发展基础的若干意见》。加快培育农村资金互助社，有序发展小额贷款组织，设立适应"三农"需要的各类新型金融组织。

2011 年，中央一号文件：《关于加快水利改革发展的决定》。

2012 年，银监会：《关于农村中小金融机构实施富民惠农金融创新工程的指导意见》（银监办发〔2012〕189 号）。

2012 年，银监会：《关于农村中小金融机构实施金融服务进村入社区工程的指导意见》（银监办发〔2012〕190 号）。

2012 年，银监会：《关于农村中小金融机构实施阳光信贷工程的指导意见》（银监办发〔2012〕191 号）。

2012 年，银监会：《农户贷款管理办法》（银监发〔2012〕50 号）。

2012 年，银监会：《关于做好老少边穷地区农村金融服务工作有关事项的通知》（银监办发〔2012〕330 号）。

2012 年，中共中央、国务院：《关于加快发展现代农业 进一步增强农村发展活力的若干意见》。

2012 年，中共中央一号文件：《关于加快推进农业科技创新，持续增强农产品供给保障能力的若干意见》

2013 年，中共中央一号文件：《关于加快发展现代农业进一步增强农村发展活力的若干意见》。

2013 年，国务院办公厅：《关于落实中共中央 国务院关于加快发展现代农业进一步增强农村发展活力若干意见有关政策措施分工的通知》（国办函〔2013〕34 号）。

2013 年，银监会：《关于做好 2013 年农村金融服务工作的通知》（银监办发〔2013〕51 号）。

2013 年，银监会：《关于中小商业银行设立社区支行、小微支行有关事项的通知》。

2013 年，银监会：《关于持续深入推进支农服务"三大工程"的通知》（银监办发〔2013〕81 号）。

2014 年，中共中央一号文件：《关于全面深化农村改革加快推进农业现代化的若干意见》。

2014 年，银监会：修订完善《农村中小金融机构行政许可事项实施办法》。

2014 年，银监会：《关于做好 2014 年农村金融服务工作的通知》（银监办发〔2014〕42 号）。

2014 年，国务院：《关于金融服务"三农"发展的若干意见》（国办发〔2014〕17 号）。

2014 年，银监会：《关于推进基础金融服务"村村通"的指导意见》（银监办发〔2014〕222 号）。

2014 年，银监会：《关于进一步促进村镇银行健康发展的指导意见》（银监发〔2014〕46 号）。

2014 年，银监会：《关于鼓励和引导民间资本参与农村信用社产权改革工作的通知》（银监发〔2014〕45 号）。

2014 年，银监会：《加强农村商业银行三农金融服务机制建设监管指引的通知》（银监办发〔2014〕287 号）。

2015 年，中共中央一号文件：《关于加大改革创新力度加快农业现代化建设的若干意见》。

2015 年，国务院：《关于深化供销合作社综合改革的决定》。

2015 年，银监会：《关于做好 2015 年农村金融服务工作的通知》（银监办发〔2015〕30 号）。

2015 年，国务院：《推进普惠金融发展规划（2016—2020 年）》。

2016 年，中共中央一号文件：《关于落实发展新理念加快农业现代化实现全面小康目标的若干意见》。

2016 年，银监会：《关于做好 2016 年农村金融服务工作的通知》。

2016 年，全国两会：《第十三个五年规划纲要》。

2016 年 12 月，中共中央、国务院：《关于深入推进农业供给侧结构性改革加快培育农业农村发展新动能的若干意见》（2017 年中央一号文件）：抓紧研究制定农村信用社省联社改革方案。

2017 年 7 月，第五次全国金融工作会议。

2017 年 10 月，中国共产党第十九次全国代表大会。

2018 年 1 月，《中共中央 国务院关于实施乡村振兴战略的意见》（2018 年中央一号文件）：推动农村信用社省联社改革，保持农村信用社县域法人地位和数量总体稳定。

2018 年 3 月，两会《政府工作报告》：推动重大风险防范化解取得明显进展。

2019 年 1 月，《中共中央 国务院关于坚持农业农村优先发展，做好"三农"工作的若干意见》（2019 年中央一号文件）：推动农商行、农合行、农村信用社逐步回归本源，为本地"三农"服务。

2020 年 1 月 2 日，《中共中央 国务院关于抓好"三农"领域重点工作确保如期实现全面小康的意见》（2020 年中央一号文件）：深化农村信用社改革，坚持县域法人地位。加强考核引导，合理提升资金外流严重县的存贷比。

2020 年 1 月 2 日至 3 日，中国人民银行工作会议在北京召开，会议部署 2020 年重点工作之一：深化中小银行和农信社改革。

2020 年 7 月 20 日，中国银保监会召开 2020 年年中工作座谈会暨纪检监察工作（电视电话）会议，总结上半年工作，研究分析当前形势，安排下半年重点任务：加快推进中小银行改革，稳步推进农村信用社改革，因地制宜、分类施策，保持地方金融组织体系完整性，尤其是要保持农信社或农商行县域法人地位总体稳定。

2021 年 1 月 2 日，《中共中央 国务院关于抓好"三农"领域重点工作确保如期实现全面小康的意见》（2021 年中央一号文件）：深化农村信用社改革，坚持县域法人地位。加强考核引导，合理提升资金外流严重县的存贷比。

2022 年 2 月 22 日，《中共中央 国务院关于做好 2022 年全面推进乡村振兴重点工作的意见》，即 2022 年中央一号文件：加快农村信用社改革，完善省（自治区）农村信用社联合社治理机制，稳妥化解风险。对机构法人在县域、业务在县域、资金主要用于乡村振兴的地方法人金融机构，加大支农支小再贷款、再贴现支持力度，实施更加优惠的存款准备金政策。

2023 年 1 月 2 日，《中共中央 国务院关于做好 2023 年全面推进乡村振兴重点工作的意见》即 2023 年中央一号文件：加快农村信用社改革化险，推动村镇银行结构性重组。

2023年1月13日，银保监会召开2023年工作会议，明确要求加快推动中小银行改革化险，积极稳妥推进城商行、农信社风险化解，稳步推进村镇银行改革重组。

2023年4月6日，银保监会发布《关于银行业保险业做好2023年全面推进乡村振兴重点工作的通知》，强化农村金融服务能力建设，健全农村金融服务体系。加快农村信用社改革化险，推动村镇银行结构性重组，农村中小银行机构要专注贷款主业、专注服务当地、专注支农支小。

2023年6月16日，中国人民银行、国家金融监督管理总局、证监会、财政部、农业农村部等五部门联合发布的《关于金融支持全面推进乡村振兴加快建设农业强国的指导意见》明确指出：加快农村信用社改革，推动省联社转换职能，规范履职行为。

2023年10月11日，国务院《关于推进普惠金融高质量发展的实施意见》（国发〔2023〕15号）：加快中小银行改革化险。坚持早识别、早预警、早发现、早处置，建立健全风险预警响应机制，强化城商行、农商行、农信社、村镇银行等风险监测。以省为单位制定中小银行改革化险方案。以转变省联社职责为重点，加快推进农信社改革。按照市场化、法治化原则，稳步推动村镇银行结构性重组。

2023年10月30日，中央金融工作会议指出：严格中小金融机构准入标准和监管要求，立足当地开展特色化经营。

2024年1月1日，《中共中央、国务院关于学习运用"千村示范、万村整治"工程经验有力有效推进乡村全面振兴的意见》2024年中央一号文件：强化农村中小金融机构支农支小定位。分省分类推进农村信用社改革化险。创新支持粮食安全、种业振兴等重点领域信贷服务模式。发展农村数字普惠金融，推进农村信用体系建设。

参考文献

[1] 薛亮，杨永坤.家庭农场发展实践及其对策探讨［J］.农业经济问题，2015
（2）：4－8.

[2] 操家齐.家庭农场发展：深层问题与扶持政策的完善——基于宁波、松江、
武汉、郎溪典型四地的考察［J］.福建农林大学学报（哲学社会科学版），2015，18
（5）：21－26.

[3] 赵慧丽，李海燕，俞墨.家庭农场：宁波模式的形成、特色与挑战［J］.台
湾农业探索，2013（3）：14－17.

[4] 屈学书.我国家庭农场发展问题研究［D］.太原；山西财经大学，2014.

[5] 黄卫东.社会政策支持视角下的家庭农场发展研究［D］.合肥：安徽大
学，2015.

[6] 李丹.我国家庭农场发展现状、问题及对策研究［D］.福州：福建农林大
学，2017.

[7] 中华人民共和国农业农村部，http：//www.moa.gov.cn/.

[8] 中华人民共和国国家发展和改革委员会，https：//www.ndrc.
gov.cn/.

[9] 中华全国供销合作总社，https：//www.chinacoop.gov.cn/.

[10] 国家统计局，https：//www.stats.gov.cn/.

[11] 中华人民共和国农业农村部发展规划司 http：//www.jhs.moa.
gov.cn/.

[12] 李玉贝.乡村振兴背景下农民专业合作社高质量发展的路径研究——以
甘肃省临洮县为例［J］.农村经济与科技，2023，34（9）：69－73.

[13] 刘青青.供销合作社助力乡村经济发展路径探索［J］.中国集体经济，

2024 (10)：1—4.

[14] 林颖颖，温薇，范雨巍. 乡村振兴视角下农村信用社信贷支农问题研究 [J]. 山西农经，2023 (16)：172—174.

[15] 杨帆. 农民专业合作社助推乡村振兴的路径研究——以漾濞县农民专业合作社为例 [J]. 中国集体经济，2023 (30)：1—4.

[16] 孙钰婷. 乡村振兴背景下我国农民专业合作社发展现状及优化路径探讨 [J]. 山西农经，2023 (18)：72—74.

[17] 孔祥智，李愿. 社会化服务推动农业强国建设的机理、实践与策略 [J/OL]. 改革，1—10. [2024—07—13]. http：//kns. cnki. net/kcms/detail/50. 1012. F. 20240702. 0913. 002. html.

[18] 郑鑫丽，鲍昕，左两军. 生鲜电商物流效率与物流成本分析及其对供销社农产品物流体系建设的启示 [J]. 上海供销合作经济，2024 (3)：29—31.

[19] 蔡小柳. 基层供销合作社发展面临的问题与对策——以江苏省基层供销合作社为例 [J]. 上海供销合作经济，2024 (3)：32—35.

[20] 重庆市人民政府办公厅印发《关于推进生产、供销、信用"三位一体"改革构建新型为农服务体系的实施方案》的通知 [J]. 重庆市人民政府公报，2024 (8)：9—20.

[21] 林媛媛. 马克思主义中国化视角下供销合作社二重经济属性融合探讨 [J]. 青岛农业大学学报（社会科学版），2024，36 (1)：83—90.

[22] 江惠，王明利. 中国式现代化视角下的农业新型合作化：历史演变、现实驱动及未来趋势 [J]. 农业经济与管理，2024 (1)：31—41.

[23] 金昱彤，刘琳. 乡村振兴中的农业合作社：欧洲经验与中国镜鉴 [J]. 开发研究，2024 (1)：77—85. DOI：10. 13483/j. cnki. kfyj. 2024. 01. 008.

[24] 李彩琴. 密切与农民的利益联结是改革核心 [J]. 中国合作经济，2023 (5)：18—22.

[25] 刘松. 宣汉县财政扶持农民专业合作社发展的政策研究 [D]. 雅安：四川农业大学，2020. DOI：10. 27345/d. cnki. gsnyu. 2020. 000805.

[26] 陈生，白琦瑛. 创新联合社治理机制要结合地域特点 [N]. 中华合作时报，2019—08—06 (A07).

[27] 任雪. 我国农业合作社实践模式研究 [D]. 吉林大学，2018.

［28］探索昆山"数字供销"建设新模式［J］.上海供销合作经济，2024（1）：20－21.

［29］中国人民银行，http：//www.pbc.gov.cn/.

［30］国家金融监督管理总局，http：//www.cbirc.gov.cn/.

［31］中华供销合作总社，http：//www.chinacoop.gov.cn/.

［32］中华合作时报，http：//www.zh－hz.com/.

［33］中华人民共和国国家统计局，http：//www.stats.gov.cn/.

［34］中华人民共和国农业部，http：//www.moa.gov.cn/.

［35］中华人民共和国国家工商行政管理总局，http：//www.saic.gov.cn/.

［36］中华人民共和国国务院，http：//www.gov.cn/guowuyuan/.

［37］中华全国手工业合作总社网站，http：//www.chicoop.org.

［38］中华供销合作网站，http：//www.chinacoop.gov.cn/.

［39］中华合作时报网站，http：//www.zh－hz.com/.

［40］中国工合国际委员会网站，www.gungho.org.cn.

［41］邓宏图.从合作社转向合作联社：市场扩展下龙头企业和农户契约选择的经济逻辑［J］.管理世界，2020（9）.

［42］尚虎平，黄六招.新中国农村合作医疗参合率变迁研究［J］.中国农村经济，2020（7）.

［43］供销史话：全国第一个消费合作社，http：//www.oldkids.cn/blog/.

［44］葛志华.关于合作经济组织高质量发展的思考［J］.上海供销合作经济，2024（1）：9－11.

［45］培育壮大服务组织助力现代农业发展——云南省供销合作社新型农业经营主体发展存在的问题与建议［J］.中国合作经济，2024（6）：64－66.

［46］韩玉洁，徐旭初.合作经济组织何以促进乡村共同富裕——基于对浙江省"三位一体"农合联的考察［J］.农业经济与管理，2024（2）：78－88.

［47］孔祥智.对发展多类型合作社的若干思考［J］.中国农民合作社，2013（7）：26－28.